七天讓你看懂股票線圖

輕鬆掌握買進、賣出時機！

梶田洋平／著
吳銘真／譯

使用本書前請一定要閱讀以下內容

本書的目的是針對股票的買賣，提供相關資訊和解說技術分析以作為大家投資的參考。股票的買賣、投資與否的最終決定，都需要讀者自己負責來做判斷。

基於本書所記載的資訊所造成的投資結果，不論任何情況，作者／譯者及出版社都得以免責。另外，本書是基於作者的寫作時間（2017年6月）當時的資訊所完成的。本書記載的資訊，在您使用時可能已經有所改變，請您諒解。請在確認並同意以上注意事項後，再使用本書的資訊。

開始學習股票吧！

東京都內××出版社

編輯部……

呼～ 終於到午休了！今天也為了做兒子和老公的便當早上6點就起床了，好累啊。
啊，大川君，可以過來一下嗎？

是的，真理子前輩！

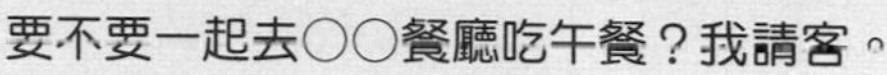

要不要一起去○○餐廳吃午餐？我請客。

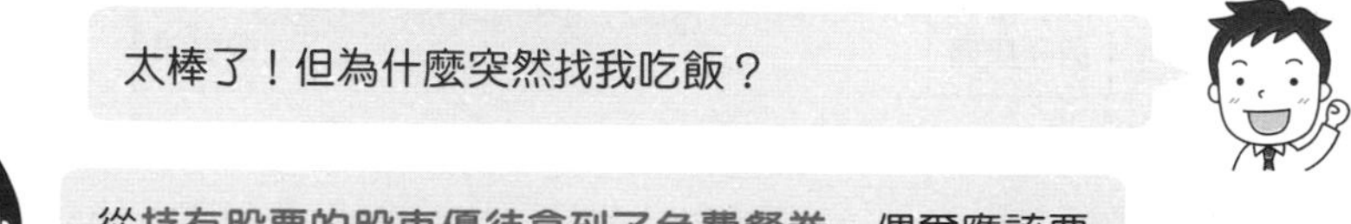

太棒了！但為什麼突然找我吃飯？

從持有股票的股東優待拿到了免費餐券，偶爾應該要請下屬吃個飯啊。

嚼嚼嚼……好好吃喔！這麼說來，真理子前輩有在玩股票對吧！酷斃了！果然都得用手機APP來做股票交易嗎？

嗯……那些我不太清楚，我是買進有發餐券和化妝品的公司股票，而拿到股東優待的。老實說，我不知道股票到底有沒有賺到錢。

嘿～其實我對投資股票也有興趣。每個月的薪水勉強只夠糊口，所以如果能透過股票賺錢就太棒了。我聽說有人一個晚上就賺了100萬日圓呢！

那是景氣好的時候吧。像我這種根本就是數字白癡和經濟白癡的人，完全不覺得自己辦得到……

有關股票和錢的事情因為太過深奧，感覺很難踏出第一步呢。

其實，我讀過一本叫做《世界上最容易懂的股票書》好幾遍了，但還是無法理解……

對了！要不然，我們自己找人來幫我們寫一本最容易懂的股票買賣書籍怎麼樣？因為我們本身就是出版社編輯啊！

咦咦……？

利用工作之便還能讓人家教我們股票，豈不是一石二鳥嗎？

好大的膽識啊！

～隔天～

東京都內
某投資講座

初次見面。感謝大家今天找我做諮詢。我是以投資學習顧問身分做巡迴講座的講師梶田。

請多多指教！我們兩個是超級門外漢，雖然覺得很不好意思……但我們會加油的！

兩位一次都沒有進行過股票交易嗎？

其實我有在操作。但與其說是投資，還不如說是因為想要拿到股東優待才買股票的。我經常會拿餐券或稻米兌換券，因為我小學生的兒子很會吃，所以幫了很大的忙。

原來如此，最近鎖定股東優待而持有股票的人的確是變多了呢。

雖然我完全沒有操作過，但總之我想透過股票賺錢的心情是絕對不會輸給任何人的！

不是應該說是「想做一本好書的心情」不輸人嗎？

股票真的能賺錢嗎？

■真理子小姐的情形

真理子小姐似乎是以優待來選擇股票，但**買進的時機**是怎麼決定的呢？

被您這樣一說，我好像從來沒考慮過該什麼時候買進。總之只要先拿到股東優待就好。**之前都是覺得想買的瞬間就買了。**

瞄準股東優待的人多數都是類似這樣，但其實這樣的想法很危險。
如果股價下跌的話，搞不好會變成拿到的餐券比用現金買還貴很多喔。

真理子小姐該怎麼樣才能賺到錢呢？

最近瞄準股東優待而持有股票的人有增加的趨勢。股東優待是股票投資特有的制度，因此我非常贊成要好好地利用。

但是，什麼都不考慮就買進股票的話，減少的本金比拿到的優待還多，反而造成損失的人也不在少數。

只要能學會看買股時機的技術，**不僅僅是股東優待，也能同時瞄準股價上漲的利潤**。也就是變成以「資產的增加＆拿到股東優待」的雙重好處為目標。

如果能夠學會看買進時機的話，不僅是股東優待，股票本身也能夠賺錢。真是太棒了！

■大川君的情形

我想要用投資股票來狂賺錢，變成有錢人！我覺得自己決勝負時的運氣很好，很有自信！

雖然聽起來挺可靠的，但運氣跟股票沒有什麼關係。投資股票能賺錢靠的不是賭運，而是需要「知識」和「技術」。

不是我自誇，要學歷我沒有……

重要的不是學歷，在投資股票時具備「解讀力量關係」的能力才重要。
而這個「解讀力量關係」能力的學習，我們稱之為「線圖分析」。這是任誰都能夠學會的喔。

大川君該怎麼樣才能賺到錢呢？

股票不是賭博。想買進的力量較大的話股價就會往上漲，想賣出的力量較大的話股價就會下跌。想買的力量和想賣的力量之間的力量關係稱為「**供需**」，掌握住供需，就能在股市中賺錢。為了能夠掌握供需，我們就需要**學習「線圖分析」**。

線圖分析……！

聽完兩位說的話，我已經弄清楚現況了。針對兩位的情形，我推薦使用線圖分析來做波段交易這樣的投資方法。
當然，我會在本書中扎實地慢慢向兩位說明！

前言

非常感謝您拿起這本書。

本書為了有「現在開始努力學習，想用股票來賺錢！」這樣想法的您，提供並介紹了股票線圖、技術指標的判讀方法以及使用方法。我們介紹的知識能成為今後您投資股票的「基礎體能」，您將可以在七天之內學會：

- **為了要用股票賺錢所絕對需要知道的概念**
- **如何判讀線圖，以及在實戰中的用法**
- **如何看技術指標，以及在實戰中的用法**
- **應該預先記住的線圖類型**
- **下單的方法和該怎麼抓買進賣出的時機**
- **如何領先盤勢一步的祕訣**

這些技巧。本書不會大雜燴地網羅所有與股票投資相關的大大小小知識。

因為若是學習本身變成目的的話，就失去了本書的意義。所以我們去蕪存菁，省掉了很多難懂的東西，只保留了您實際在投資時能運用的知識，寫成了這本書。

為了讓現在才要開始投資的初學者，也能夠輕鬆理解這些在實戰可以運用的知識，本書利用許多圖表與插圖精心設計而成。如果您能在閱讀本書之後理解我們所寫的內容，並能在現實中透過投資股票而獲利的話，我們將感到十分的榮幸！

現在，就讓我們開始這七天的課程吧！

株勉強.com代表　梶田洋平

CONTENTS

第0天

初學者更應該從股票「線圖」開始下手

第1天

線圖是這樣構成的！

CONTENTS

第4天

幫助投資人的便利下單方法

CONTENTS

第5天

實戰！可以撿到便宜的「買進」訊號！

第6天

實戰！可以讓你賺錢的「賣出」訊號！

為了不在股市失敗所需要的準備

登場人物

於本書中，初學者的真理子小姐和大川君會一起透過這七天的課程來學習怎麼看線圖。

梶田老師
指導真理子小姐和大川君有關股票線圖知識的投資老師。
很擅長詳盡又簡單易懂的說明方法。

真理子小姐（37歲）
第一編輯部的主任。與丈夫和兒子三人一起生活。
有著落落大方的個性，但時常會擔心這個擔心那個的。

大川君（23歲）
社會新鮮人的編輯。
有著草率但開朗的性格。

本書的主要對象

- 正要開始投資股票的初學者
- 已經在投資股票但卻一直沒有得到滿意結果的朋友
- 從基礎到應用，想要扎實地學習在實戰中可以用到的知識的朋友
- 上班族或是家庭主婦等等，沒辦法花太多時間在投資上面的朋友
- 想要學習「何時該買，何時該賣」的朋友
- 認真想要從投資股票獲利的朋友

第0天

初學者更應該從股票「線圖」開始下手

本書是利用「線圖分析」來教大家怎麼買賣股票的教學書籍。

或許聽起來好像很困難，但如果能從基礎好好學起，漸漸地就能透過線圖看清楚「股票是什麼」，還有「該如何獲利」。

本章節將解說在分析線圖前，至少應該先知道的基本知識。

何謂「股票的投資風格」？

老師跟我們推薦的「短線波段交易(Swing Trade)」到底是什麼呢？

波段交易指的是股票投資中賺錢方法（投資風格）的其中一種。股票投資通常可以粗略地分為當日沖銷、波段交易和長期投資這三種賺錢方法（投資風格）。

從「當日沖銷」和「長期投資」的名稱感覺可以想像出來它的意思呢。

那麼，我們就一個一個來看包含「波段交易」的三種投資風格吧！根據不同的投資風格，需要的學習方法也不同喔！

■股票有三種不同的投資風格（賺錢方法）

股票投資有以下三種投資風格。

- **當日沖銷**
- **波段交易**
- **長期投資**

針對不同的**投資風格，必要的學習方法也不一樣**。

一開始不決定好自己的投資風格的話，到真正賺錢之前會繞很長的一段遠路。另外，即使有自己想試試看的投資風格，**如果不是適合自己的投資風格，也很難能夠賺到錢**。首先，就讓我們來看看投資風格吧！

投資風格① 當日沖銷

當日沖銷（簡稱當沖），就是在一天當中買進股票又賣出，完成整個交易流程的投資風格。持有的股票不會抱到隔天。因為需要在一瞬間看準時間點做出買進賣出的判斷，所以得**一直盯著大盤一邊做交易以免錯過買賣的機會**。在短時間中能反覆增加交易次數的話，也可能一天當中就大量獲利。

必要的學習

線圖的分析當然是一定要學習的，再來就是必須不斷練習以免錯失交易時機。一邊盯著股市行情一邊學習是最理想的，但要好好思考這樣的方式能不能配合得上自己的生活作息。

好像專業操盤手的感覺，帥翻了！
但是，每天都要盯著股票看，好像很困難……

投資風格② 波段交易

這種投資風格會持有股票數天到數個禮拜，在這期間買進股票再賣出股票，賺取其中價差的利潤。

跟當日沖銷一樣，最重要的是抓準買賣的時機，但不像當沖那樣需要瞬間的判斷。因此一般來說是一種**上班族或家庭主婦也很容易操作的投資風格**。

雖然不到當日沖銷那樣的程度，但因為能增加資金的迴轉率，相對來說可以在較短的時間內累積資產。

必要的學習

學習本書介紹的**線圖分析非常的重要**。利用平常上班日的晚上或週末不斷學習就好。

波段交易這個名詞出現了呢！利用我們家兒子週末去打棒球的空檔，一邊學習線圖的分析一邊操作好像也行。

投資風格③ 長期投資

仔細調查過企業的決算書或財務報表內容和成長性等，再與股價比較，覺得股價相對便宜時買進，等到股價上漲到達合理價格後再賣出的一種等待上漲投資策略。

「股價會在經過一段時間之後回到合理的水準」是這個投資風格的基本概念，買進之後需要數年，**長的時候甚至需要花上十年以上的等待時間**。

必要的學習

需要學習各種財務報表的看法，透過參考類似公司四季報※等資訊來做投資的判斷。因為要利用週末等時間來循序漸進學習，而且持股時間也很長，要有長期等待的耐心也是必要的條件。

※註：「公司四季報」是日本「東洋經濟出版社」所出版的日本公司資訊季刊，內容包括各個上市公司的決算數字、業績狀況、公司新聞、投資者所需資訊，甚至是求職資訊等。

■線圖分析是勝利的關鍵！

看過三種投資風格之後，好像可以理解老師為什麼推薦我們用波段交易了！

因為我常常要跟朋友出去玩，這種不需要像當沖那樣得花很多時間在股票上的方式最適合我了！

也多花點時間想想工作的事情吧！

確實，對忙於工作或照顧家庭的兩位來說，我推薦採用能有效率地增加資產的波段交易。

波段交易是一種適合累積資產的投資風格，也可以說是很適合主婦或上班族的投資風格。而**要做波段交易所需要的就是「線圖分析」的能力**。本書會扎實地帶大家學習如何分析線圖。本書是設定在波段交易的投資風格下，用簡單易懂的方式來說明如何進行線圖的分析。

到底「線圖」是什麼呢？

■線圖分析的目的是什麼？

那麼現在我們針對線圖分析再做進一步的說明。雖然字面上聽起來好像很困難，但其實概念是很簡單的。**其實它是初學者也能輕鬆上手的投資風格**喔。

波段交易所不可欠缺的「線圖分析」，是指從過去的股價變動來**預測未來股價動向**的一種分析方法。一般也被稱為「技術分析」。

根據所預測的股價動向，可以訂定接下來「什麼時候要買」和「什麼時候要賣」的投資戰略。

■「線圖」到底是什麼東西？

嗯……感覺到現在才問有點太遲了，但其實「線圖」這個字是什麼意思我都還沒搞清楚……

所謂的線圖，指的是將**過去的股價根據時間順序所排列出來的圖表**。
觀察線圖就可以了解**過去到目前為止的股價是如何變動的**，今後的走勢也能變得更淺顯易懂。

真理子小姐有個念小學的孩子吧？
最近孩子的考試成績怎麼樣呢？

最近他的考試成績一直在慢慢地往下掉……真令人擔心呢……

請試著這麼想，觀察過去的考試成績跟觀察線圖是同樣的概念。
最近的考試成績正在往下掉的話，可以**推測下次的分數也有可能呈現往下的傾向**。
平常的成績大概都在平均分數的水準的話，可以推測下次的分數也可能接近平均分數。

線圖就像是觀察考試成績一樣

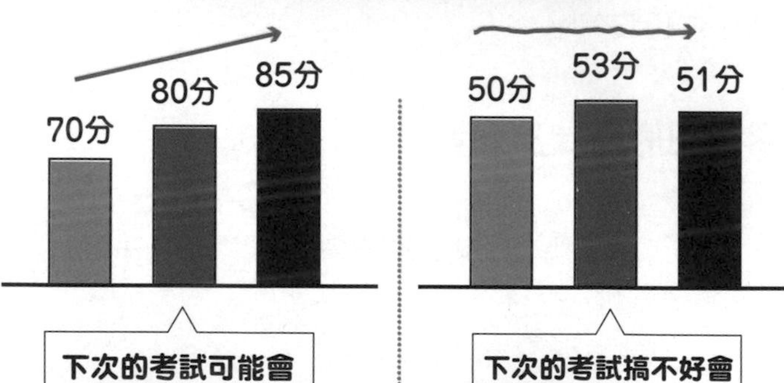

從過去的考試成績可以預測未來的成績走向！

線圖跟過去考試成績的排列一樣！
這樣思考之後真的變得很簡單易懂呢！

我們家兒子的考試成績也是呈現下跌的傾向呢……

■讓我們實際來看看股價線圖長什麼樣吧

那麼，讓我們實際看看線圖長什麼樣吧！下面的圖表是股價線圖中最常被使用的「K線圖」。

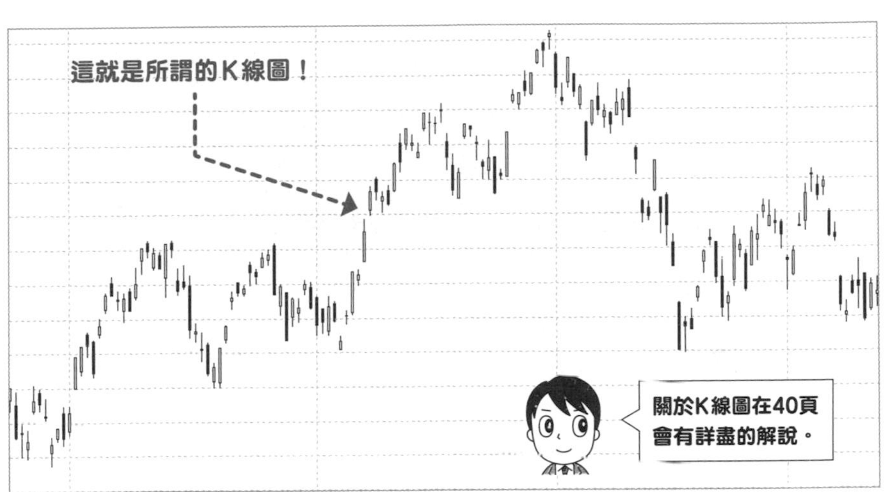

有關K線圖的解讀方法，會在39頁開始的「第1天的課程」做詳盡的解說，但第一次看到這個線圖的人也應該能對：

- **好像是朝上走**
- **好像是朝下走**
- **好像是橫盤移動**

這些不同的走勢看出個所以然來。而這種**由過去的股價動向來預測今後股價走勢**的做法，也就是線圖分析的基本概念。

觀察圖表，「從過去分析未來」

只是隨便看看線圖，然後想說「總覺得股價看起來好像會漲，買進吧」、「總覺得股價看起來好像快不行了，賣出吧」，這種不叫線圖分析，叫做「賭博」。

讓我們學習線圖分析的方法，變成能做到像「因為過去股價的動向是如何如何，所以買進／賣出」這樣有理論基礎的操作吧！

0-03 投資股票需要準備多少錢呢？

兩位一開始想從多少資金開始投資股票呢？

我的話會把所有財產的20萬日圓全部拿出來！

我會從自己的私房錢200萬日圓開始。如果能順利賺到房子的首付金就太好了！

看來兩位似乎都已經審慎考慮過要用多少資金了呢。股票投資的最大前提是有閒錢，但是可以的話我建議要先存100萬日圓左右再開始投資會比較好。

……

■波段交易應該以100萬日圓的閒錢開始投資

投入股票投資的錢得要以閒錢為前提。跟大川君一樣，把所有財產都拿去投資是很不好的。

另外，特別是要採用波段交易的人，基於以下的理由，我建議**等存了100萬日圓以後再開始**。

理由① 能選擇的個股會增加

在做股票投資時，我們把一間一間的公司股票稱之為「個股」。

每支個股的購買價格都不同，要購買一支個股的所需金額為：

- **股價×股數＋買賣手續費**

不同的個股會有不同的交易單位，有從1股就可以交易的股票，但也有1,000股為最小買賣單位的股票。從**2018年10月開始，日本每支個股的最小交易單位統一為100股**※。

※註：台灣股市的最小交易單位為1,000股，也稱之為1張股票（1張股票＝1,000股），除盤後交易之外，都是以1張（1,000股）股票為最小單位來做交易。

例如某支個股的股價是6,000日圓，交易單位為100股的話，計算方式為：

- **6,000×100+買賣手續費**

也就是購買1張此個股所需要的金額為60萬日圓＋買賣手續費。為了**增加能選擇的個股**，還是準備100萬日圓左右的資金比較好。

股票是被綁成一組賣的

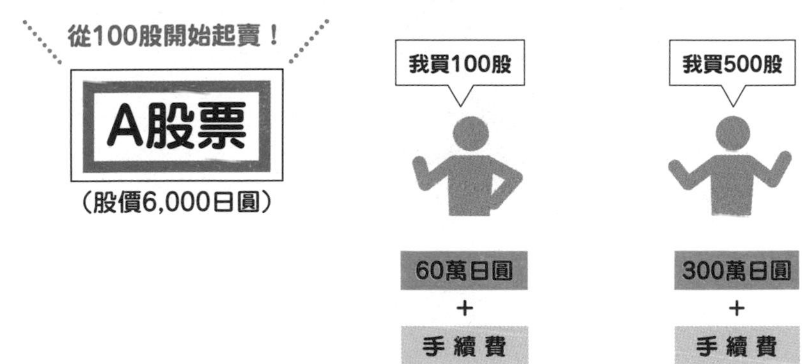

理由② 學習需要錢，花費的勞力也需要錢

學習所花的費用也需要考慮進去。

在做波段交易時，為了增加勝率我們需要去學習線圖的分析等等，而為了學習我們要買書籍等等，需要花費數千日圓～數萬日圓不等。

假設學習花費了3萬日圓，而投資金額為30萬日圓，就算賺了10%也才剛好打平而已。

好不容易開始操作股票投資，結果連學費都賺不回來的話就沒有意義了。我們必須避免發生「把學習股票的時間拿去打工的話賺得還比較多」這樣的窘境。

最初的資金較少的話，當然能賺的金額就會變得比較少。為了要能創造出將學習費用也算進去之後還能獲利的情況，一開始就投入一定程度的資金，可說是比較有效率的做法。

另外，以花費一定程度的資金為前提來做投資，人也比較會有學習的熱忱。

綜合以上幾個理由來看，用來投資股票的閒餘資金，剛開始建議大家還是要準備個100萬日圓會比較充裕。

所有財產只有20萬日圓的我，還是先回家好了……

不不不。
為了用波段交易賺錢，學習線圖是必須的！
為了在存到100萬日圓時能夠**順利地起跑**，一邊存錢一邊開始用功學習吧！

好的！先開始努力學習！我會加油的！

就是要這樣才行！
那麼，為了線圖的學習，讓我們先去**證券公司開設帳戶**吧！

沒有資金可以馬上開始交易股票的我，也需要先開設帳戶嗎？

我雖然手頭上有資金，但也想等到學會之後有自信再開始交易……

說的也是呢。
雖然兩位還不到實際操作的時候，但一開始只要先開設帳戶就好。理由是，去證券公司**開戶之後就能開始使用證券公司的線圖工具軟體**了。

■ 開設網路證券交易帳戶

要加入股票投資的行列，我們必須要先到證券公司開設帳戶。不馬上開始做交易的朋友們，也請先開設帳戶吧！開戶之後，就可以使用各證券公司的線圖工具軟體。為了更扎實地學習，線圖工具軟體是絕對需要的！

證券公司的種類

證券公司大致上可以分為實體券商和網路券商這兩種。實體券商有證券公司的營業員給予投資建議，適合要運用較大量資產的人，硬要說的話比較適合已經擁有較多資產的朋友。

另一方面，**網路券商的特徵則是手續費較便宜**。

像目標是特定的股東優惠這樣已經鎖定要買的股票，或是像本書所介紹的，目標是在短期內透過股票投資獲取利潤的情況，則比較推薦使用網路券商進行交易。

在網路證券公司開設戶頭的流程

讓我們來熟悉網路證券戶頭的開設流程吧！

- **使用瀏覽器造訪網路證券公司的網站**
  例如：松井證券、樂天證券、SBI證券、GMO Click證券等等
  ※註：以上列出的皆為日本的知名網路券商。

- **點選申請開設戶頭的按鈕**

- **在網頁上填寫必要資訊，並申請開戶**
  姓名、地址、email等等

- **數天後會收到證券公司寄出的資料**

- **填寫後附上本人的證明文件（駕照之類的影本）寄回給券商**

- **證券公司寄出開戶完成通知信件**

以上是大部分網路證券商的戶頭申請流程。

開戶完成之後，寄來的通知信件上會記載帳戶號碼和登入密碼，請連到證券公司的網站試著登入看看。

老師有推薦的證券公司嗎？

每個人都有自己覺得好用的券商，所以我推薦可以多開幾個不同券商的戶頭試試。**開戶本身是不用錢的**，因此多上幾個券商的網站看看自己覺得哪個好用，以後持續使用那個券商就行囉！

Column 在本書所使用的線圖

本書的線圖分析解說，是採用松井證券所提供的線圖。松井證券的線圖工具讓初學者也能方便使用且容易理解，推薦給大家。詳請請參照松井證券的官方網站。但要提醒大家，本書的說明內容跟松井證券沒有任何關係。懇請大家不要詢問松井證券公司任何關於本書的內容，謝謝！

松井證券官方網站 http://www.matsui.co.jp/

雖然困難但很重要的「停損」

■常常抱持著「損失要小利潤要大」的意識

為了要能利用波段交易賺到錢，「損失要小利潤要大」的觀念非常重要。在每次的交易時都要記得**減少損失，獲得更多利潤，不要忘了常常將「損失＜利潤」的觀念**放入自己的操作當中，若能做到這點，最終就會保持獲利。

跟右邊的圖一樣，要是能夠管理好利潤和損失的話，波段交易是能夠賺錢的。

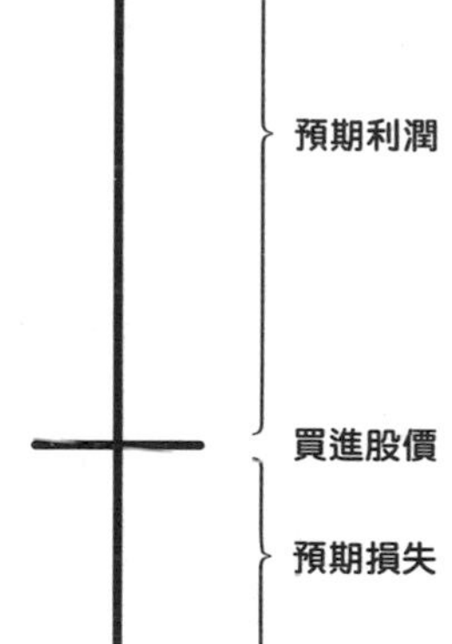

就算老師這麼說，感覺也沒那麼容易就能做到呢。

那麼，讓我們更具體地來看，為了要能達成「損失＜利潤」該如何思考吧！

■最終利潤的計算公式

波段交易的最終利潤是根據以下的計算公式所得到的數字。

- **勝率×利潤－敗率×損失＝最終利潤**

根據「勝率×利潤－敗率×損失」這個公式所算出來的答案如果是

正值，就代表獲利了。

假設勝率有60%好了。賺的時候賺5萬日圓，賠的時候賠5萬日圓，套入這個公式來計算的結果如下。

- **0.6×5萬日圓－0.4×5萬日圓＝1萬日圓**

這個情況賺了1萬日圓。那如果勝率是50%，賺的時候賺5萬日圓，賠的時候賠3萬日圓，結果又會是如何呢？

- **0.5×5萬日圓－0.5×3萬日圓＝1萬日圓**

這個情況也是賺1萬日圓。所以勝率和敗率相等（同為50%）的時候，只要賠的金額較少的話，還是能夠獲利。

增加勝率，減少損失金額的方法

為了要能在「勝率×利潤－敗率×損失」這個公式得到正值，**「提高勝率」和「減少損失金額」這兩件事變得非常的重要。**

要達成這兩件事情，除了得利用「線圖分析」來提升勝率和利潤率之外，能夠減少損失金額的「停損」也是必要的。

■停損（Loss Cut）很重要！

停損也叫做「Loss Cut」。意思是當股價跌到比買進的價格還低時，**在賠錢的狀態下將股票賣出**，以避免「損失持續膨脹下去」，也可以說是**確定損失**。

停損的概念

將買進股票時的價格當作正負0來考量的話，我們應該這麼想：利潤和損失可能會有相同的上下拉扯幅度。

由於利潤：損失＝1：1，因此如右圖所示，購買的時機點為正負0，可以想成0的上下有同等幅度的箭頭存在。

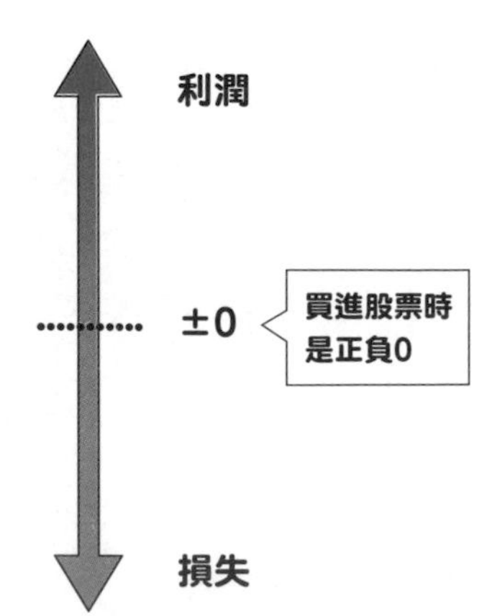

能夠改變利潤和損失箭頭長度的就是「停損」。透過將損失抑制到最小的限度，就可以縮短損失箭頭的長度。

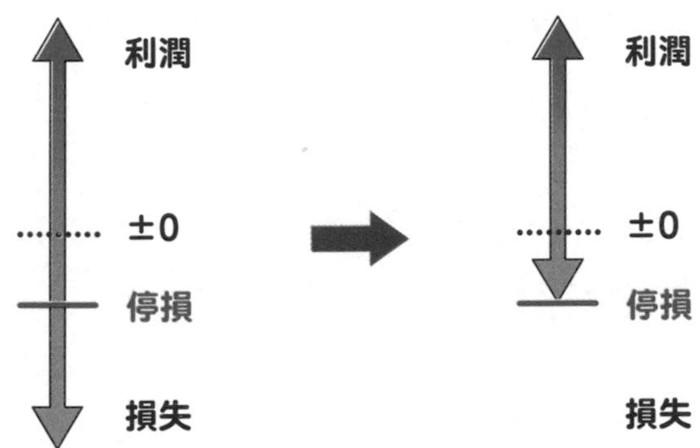

■話雖如此，但停損還是很困難……。

雖然腦袋裡清楚地知道該這樣做，但是透過停損將損失抑制到最小，其實是相當困難的一件事。

股票這種東西，如果不停損的話，損失的金額就無法確定下來。任誰都會想把討厭的事情往後拖延、之後才處理，**因此就算理性告訴我們不得不停損了，卻一直無法下定決心確定損失，結果拖拖拉拉地讓未實現損失**（未出清股票結算，但帳面上呈現損失）**持續膨脹**，這種情況也不在少數。但是，波段交易如果做不到停損是無法賺錢的。再怎麼學習線圖分析，**如果做不到停損的話，最後是沒有任何意義的**。

在停損時，要能做到控制自己其實是很困難的，這點我們要銘記在心。為了盡可能自然地做到停損，**學習下單方法也很重要**。我們會在第4天的課程學習這些內容。

❖POINT❖

勝率×利潤－敗率×損失，算式的結果如果是正值就會產生利潤。
要達成勝率＞敗率，就需要「線圖分析」。
要做到利潤＞損失，「線圖分析」和「停損（Loss Cut）」
都是必要的。

「成交量」和「成交值」的關係

一天有多少的股票買賣成交看「**成交量**」就能知道。常常會跟成交量搞混的則是「**成交值**」。為了不要產生混淆，讓我們來看看它們是什麼吧。

■什麼是「成交量」?

所謂「成交量」，指的是當天買賣成立的**股票數量／張數**。

假設您買進了某支個股100股時，就代表相反地有個人賣了100股同一支股票。我們稱這時的成交量為100股。

接下來，如果這樣100股的買賣成交了1,000次，成交量就會是100股×1,000次，等於100,000股。

來看看線圖上的成交量

一般來說，成交量會顯示在K線圖的下方。根據線圖上的成交量，我們就可以確認有多少交易發生。也就是說，我們能**掌握交易是不是足夠活絡**。

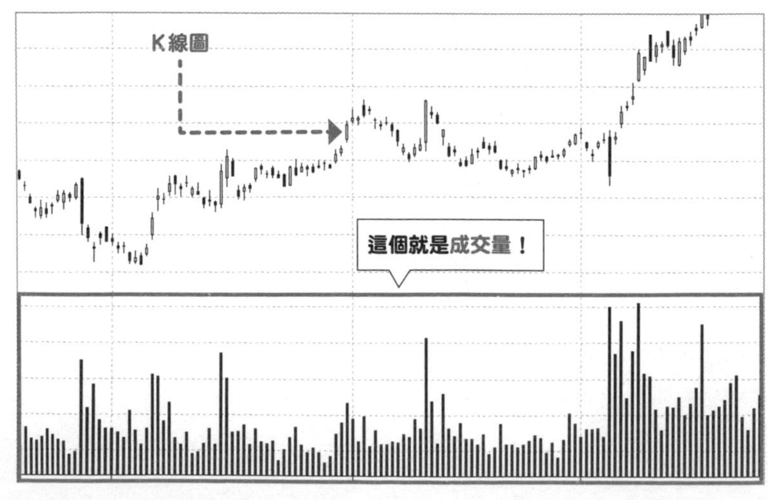

使用成交量做線圖分析的內容，將會在第3天的課程為大家詳細說明。

■成交值是什麼？

跟成交量一樣，成交值也能用來判斷「交易是否足夠活絡」，成交值除了股票的數量之外，連**股價都考慮進去了**。

例如成交了100股（股票的買賣交易成立），且成交的金額為5,000日圓時，成交值就是5,000日圓×100股＝500,000，也就是50萬日圓。

■成交量和成交值該分別在什麼時候使用

有必要特地把成交量和成交值分開思考嗎？

大多數的情況是，同時比較複數個股時使用成交值，比較單一個股過去和現在的股價以作為未來股價的參考時，則使用成交量。

有時也會有光看成交量覺得「這支股票是支成交量很多的個股啊」，但**仔細觀察之後發現股價很便宜，計算下來其實成交值很低**的這種情況。

這部分的詳細內容我們將在下一頁開始解說，但還是初學者時，選擇成交值夠高的個股來投資是非常重要的。

知道每支股票交易的活絡程度，對於波段交易等短線交易來說是絕對不可缺少的。

POINT

成交量的單位是股數，成交值的單位是金額，使用時要注意不要搞混了。這兩個指標都是用來了解某支個股的交易活絡程度如何。

選擇成交值夠高的個股來交易

股票市場中有數以千計的股票可以買賣，但還是股市的新手時，建議好好挑選成交值夠高的個股來交易比較好。

■選擇每日成交值至少在5億日圓以上的個股來操作

具體來說的話，一開始最好選擇每日成交值**最少在5億日圓以上**的個股，更貪心的話，其實推薦大家以**10億日圓以上**的股票進行交易。

特別是波段交易這類期間較短的交易，想買的時候就買得到，想賣的時候就賣得掉的股票才是最理想的。

股票得要在買賣雙方都存在時才能成交，像是想交易時找不到可以交易的對象這樣的風險，應該要盡可能避免。

所以最有效的方法之一，就是選擇每日成交值最少在5億日圓以上的個股來進行交易。

在股市的數千支股票當中，也有許多幾乎不被買賣的個股。
根據其狀況不同，有的時候甚至會有連續幾天成交量都掛零的個股出現。

咦？是真的嗎？

成交量少的個股很容易被特定的投資客影響其股價，也會產生「線圖分析難以發揮作用」這樣的弱點。要小心為上！

■ 是什麼樣企業的股票其實沒什麼關係!?

像波段交易這類短期持有股票的買賣，**發行股票的公司是怎麼樣的公司，所屬的是什麼業界，營業額或盈餘是多少等等的資訊，其實不用太在意也沒什麼關係**。比起研究這些，仔細觀察成交值來選擇個股還比較重要。

咦～我原本以為買賣股票就應該要閱讀四季報什麼的，好好研究一間公司的業績之後再買進的耶！

不過，如果不是新產品賣得很好、業績會持續成長的公司的話，股價不就不會上漲嗎？

的確，將來成長性高的企業以長期的眼光來看，股價有可能會上漲。但是在幾天到幾個禮拜的**短期當中，也不盡然是業績成長的公司股價才會上漲**。

■ 短期來看的話，股價跟事業的成長率沒有關係

幾天到幾個禮拜這樣**短期當中的股價變動**，並不是根據公司的業績或是利潤、產業類別等決定的。這時是根據投資人在買賣時的想法來決定的。也就是說，股價是根據**當時的供需**所決定。

能夠解讀投資人**「想要買進」的力量跟「想要賣出」的力量哪邊比較強**的話，就可能獲利。像這樣試著解讀供需（「想買進」的力量和「想賣出」的力量關係）的方法，就是「線圖分析」。

❖POINT❖

成交值較低的個股，可能會有想買進時無法買進、想賣出時無法賣出的情況。低成交量的個股也很難套用線圖分析，因此選擇個股時要挑一天的成交值最少在5億日圓以上，最好超過10億日圓的標的來投資。

0-07 開始線圖分析吧！

大家對於將在本書學習的線圖分析和波段交易，是不是有個大致上的概念了呢？本書會以一天介紹一個章節、總共七天的課程進度，讓大家學會線圖分析。

■從線圖來尋找買賣的訊號

在做「線圖分析」時，我們會利用21頁介紹過的K線圖，以及各式各樣的指標資訊，綜合性地分析買賣的時機。具體來說，也就是看過：

- 線圖
- 技術指標
- 成交量

等等之後做出分析，並將這整體稱為「線圖分析」。

技術指標和成交量都標示在線圖上。圖中紅色的線即是技術指標。

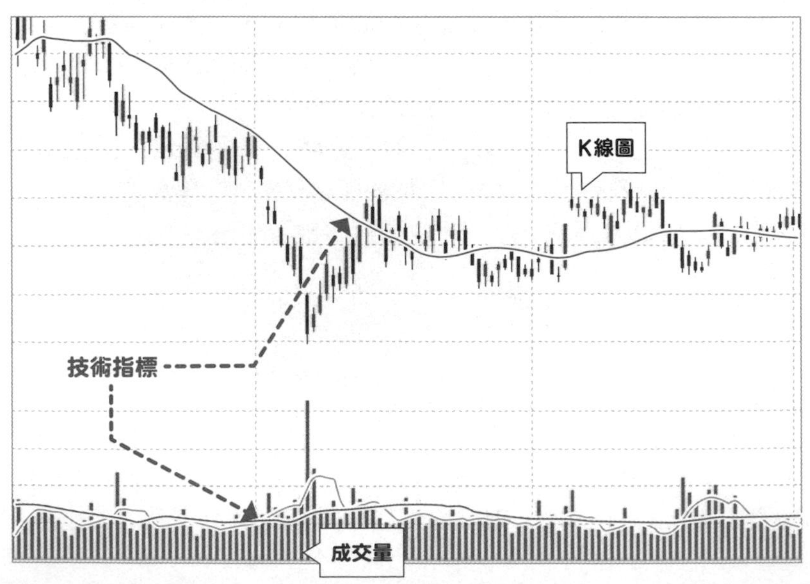

簡單來說，技術指標就是「為了掌握現在的股價狀況，還有為了抓住買進股票或是賣出股票的時機所需要使用的東西」。詳細會在後面為大家介紹。

■ 在本書所進行的線圖分析學習

本書將會以前述的三項分析為主，向大家進行解說。本書的前半，也就是第1天和第2天會學習線圖的分析，第3天則是針對技術指標和成交量的分析來做學習。

本書的後半則是以前半的學習為基礎，在實際的線圖上觀察買賣時機的訊號，偏向實戰性的內容。

先是在第4天學習買賣的下單方法，接著第5天的「買進訊號」和第6天的「賣出訊號」會用實例來讓大家學習。

跟著本書，一天閱讀一個章節的話，七天就能掌握線圖分析的技巧。

第0天　初學者更應該從股票「線圖」開始下手

在開始做線圖分析之前，先確認最少需要知道的基礎知識吧！由於這是利用本書學習的前提條件，如果想不起來的話，請翻回本章重新確認一次！

現在在這

▼

第1天　線圖是這樣構成的！

第1天讓我們來學習線圖的「構成要素」。K線、移動平均線、趨勢等，線圖的基礎就在這裡搞定！

▼

第2天　利用線圖類型來獲得「預知走勢的能力」！

第2天讓我們來學習「線圖類型」。觀察線圖就能夠慢慢看出「某種類型」。記住重要的類型，就能夠用來預測未來的股價走向。

▼

第3天　從指標可以看出買賣的「時機」！

技術指標會告訴我們買賣的「時機」。感覺上好像有點困難，但只要我們仔細地看過每個指標的話，就能清楚了解他們的意義。

▼

第4天　幫助投資人的便利下單方法

這天我們會學習由各個券商所提供、多姿多采的下單方法。配合線圖分析，聰明地使用下單方法的話，再忙碌的人也能夠順利分配好時間進行交易。

▼

第5天　實戰！可以撿到便宜的「買進」訊號！

從這裡，終於要開始實戰了！把目前為止所學到的技巧發揮出來，在實際的線圖上找出買進的訊號。為了靠股票獲利，要徹底考究買進的時機。

▼

第6天　實戰！可以讓你賺錢的「賣出」訊號！

股票的賣出時機常常被認為是最難的部分。我們透過實戰的形式，教您在實際的線圖上該怎麼找到賣出的時機。

▼

第7天　為了不在股市失敗所需要的準備

為了剛結束線圖的學習，正躍躍欲試要開始投入股票的您做最後的收尾。我們整理了為了避免在股市上失敗所需要注意的事項。

每天閱讀一點就能學會真是太好了！

■事先了解線圖分析的缺點

雖然說線圖分析對波段交易等短線交易來說是必要的技巧，但它也不是萬能的。在開始線圖分析的課程之前，讓我們也一起來看看它有哪些缺點吧。

缺點① 對新聞的反應較弱

每天世界上都會有各式各樣的新聞被報導，其中會影響股市表現的新聞也屢見不鮮，常常會發生。

另外，每個季度各企業都會有業績發表會，根據業績發表的內容，股價也會受到影響。像這種受到新聞的影響導致股價紊亂的時候，去做線圖分析就沒什麼意義了。關於業績發表時的應對方法，我們會在200頁做解說。

缺點② 成交量較低的個股有時無法適用

線圖分析得要在有很多投資人交易的個股才能發揮實力。**成交量太少的個股，股價容易被特定投資人的想法所左右**，有時線圖的分析就會變得派不上用場。

缺點③ 慢半拍的技術指標也很多

技術指標是根據過去的股價變動而指標化的東西。因此，買進訊號和賣出訊號會稍微比最佳時機晚一點出現，這點也應該考慮在內。

缺點④ 有時候會遇到陷阱

例如有時找到了買進訊號後買進股票，接下來也可能馬上產生很像是要取消那個買進訊號的變動。這樣的情形在線圖分析的世界稱之為「**陷阱**」。

特別是只想利用一種線圖或指標來做投資判斷的人，更容易遇到這樣的陷阱。雖然完全避開這樣的陷阱是不可能的，**但透過使用複數個不同的指標來做判斷，就可能比較不容易遇到這樣的陷阱**。

其實也是有滿多缺點的呢！

線圖分析是在交易中獲勝的一個有效方法。**在了解有哪些缺點的前提下好好運用的話**，就能更輕鬆地在股市中獲勝喔！

遇到陷阱的時候應該要怎麼辦呢？

陷阱是不可能完全避開的，更進一步說的話，其實根本沒有必要去避開。

■做好一定會遇到陷阱的心理準備

我們只要存有**一定會遇到陷阱**的想法就好了。當發現自己遇到陷阱時，建議大家不要猶豫，馬上把手上的股票出清。

這就叫停損吧！

沒錯！波段交易要的不是完全勝利，而是就算**遇到陷阱也能以停損來應對，並以最終獲利為目標**，這才是理想的狀態。

POINT

線圖分析並不是萬能的。

像是遇到業績發表會或突發的新聞出現時，技術指標就會失去它們的作用；另外對交易頻率不高的股票也沒有太大的意義。還有，不管是哪種線圖還是技術指標，還是會有遇到陷阱的時候。當發現遇到陷阱時，就讓我們用停損來應對吧。

第1天

線圖是這樣構成的！

第1天我們要來學習K線圖的基本形狀、股價的趨勢和最有名的技術分析指標「移動平均線」。這些都是線圖分析的基礎知識。

「線圖原來是這樣構成的啊！」相信各位一定能理解線圖的「生成」和概要。

理解K線告訴我們的事情

■先給大家看看什麼是K線圖

學習線圖的第一步就是學習「K線圖」。因為這是線圖分析的基本功，所以讓我們好好地學習吧！

馬上讓我們來看看股價線圖吧！線圖就是把過去的股價變動根據時間順序所排列出來的東西。

總算輪到線圖登場了！非常期待！

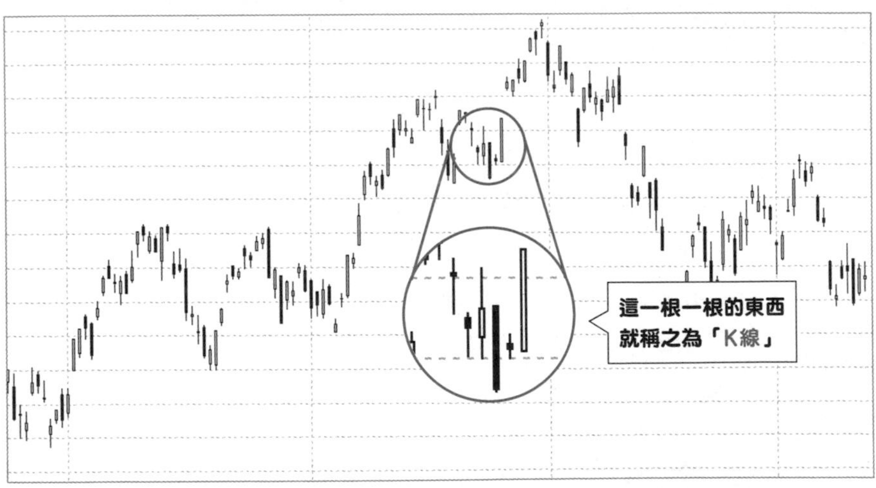

上面的線圖就叫做**K線圖**。構成線圖的一根一根像是蠟燭的東西稱之為**K線**。

通常說線圖，一般所指的就是K線圖，這是做線圖分析時基礎中的基礎。

■K線所告訴我們的事情

一根K線表示了一天當中的：

① **開盤價（當天一開始交易的股票價格）**

② **最低價（當天交易的股價中最低的價格）**

③ **最高價（當天交易的股價中最高的價格）**

④ **收盤價（當天最後交易的股票價格）**

這四種股價。

要怎麼樣在一根K線中表現出四種股價呢？

讓我們取出其中一根K線來確認看看吧！

從開盤價到收盤價呈現上漲情況（開盤價＜收盤價）的K線

假設某天的股價是從400日圓開盤（①），之後股價下跌到最低價的395日圓（②）。後來又急漲到420日圓（③），最終以415日圓（④）結束一天的交易的話，K線就會是以下的樣子。

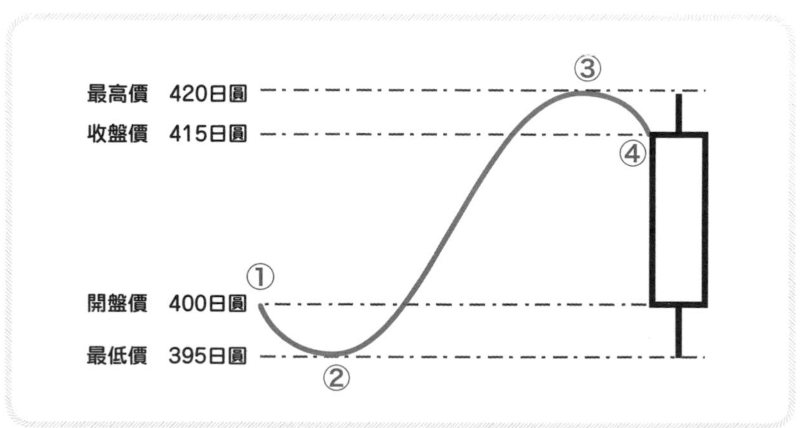

這次的例子是股價從開盤價開始到收盤價呈現上漲的例子（開盤價＜收盤價），所以用白色來表示。反之，股價從開盤價開始到收盤價呈現下跌的情況（開盤價＞收盤價）就用黑色來表示。

※註：在台灣，上漲的K線大多會用紅色，下跌的K線會用綠色來表示。

從開盤價到收盤價呈現下跌情況（開盤價＞收盤價）的K線

讓我們來看開盤價＞收盤價的例子吧！

假設某天的股價是從415日圓開盤（①），之後股價上漲到最高價的420日圓（②）。後來又急跌到395日圓（③）的最低價，最終以400日圓（④）結束一天的交易的話，就會變成以下黑色K線的樣子。

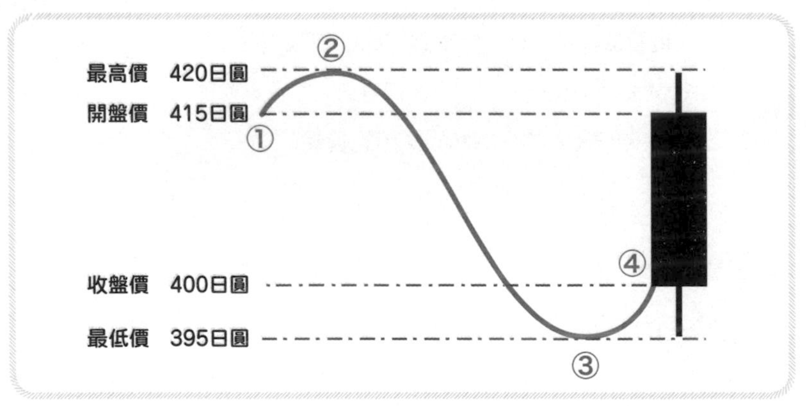

陽線和陰線

股價**上漲時的K線叫做陽線，下跌時的K線叫做陰線**。在這次的舉例中，前一頁的白色K線是「開盤價＜收盤價」的上漲狀態，因此是陽線；上圖的黑色K線則是「開盤價＞收盤價」的陰線。

實體和影線

在K線上下的線叫做影線。**上方的線叫做上影線，下方的線叫做下影線**。被夾在**開盤價和收盤價當中的柱狀部分則稱為實體**，請把這些都記起來。

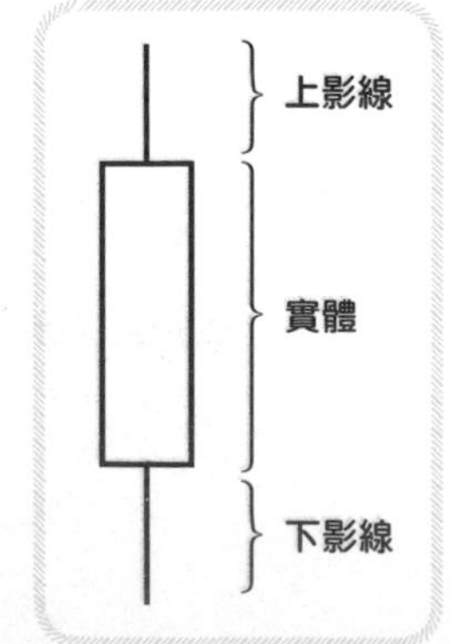

K線的陰線和陽線的顏色標記，會根據所使用的線圖工具軟體而有所不同。**也有使用跟本書完全不同顏色來表現的例子。**

仔細觀察K線的話，會發現不只是顏色上的不同，也有各種不同的形狀呢！

K線圖中有各式各樣形狀的K線，事先記住有名的形狀，便能根據K線來掌握股價變化的預兆。從46頁開始我們將會學習有名的K線形狀。

POINT

開盤價＜收盤價的K線稱之為陽線，開盤價＞收盤價的K線則稱之為陰線。本書是用白色來表示陽線，黑色來表示陰線，但顏色的劃分方法會根據不同券商的線圖工具軟體而有所不同。

Column

我試著用K線來表示這一年自己的體重變化。

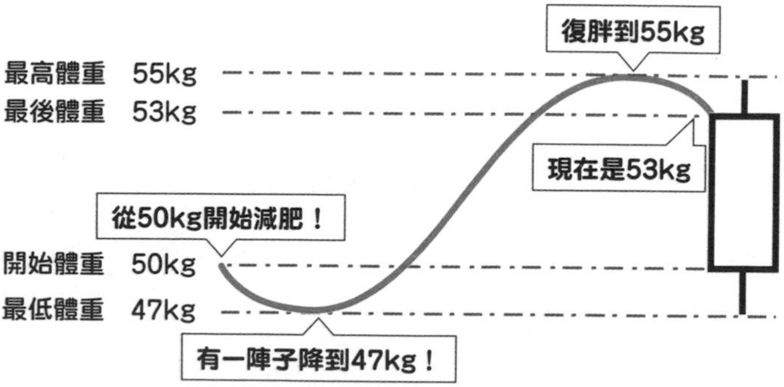

復胖到55kg
最高體重 55kg
最後體重 53kg
現在是53kg
從50kg開始減肥！
開始體重 50kg
最低體重 47kg
有一陣子降到47kg！

是陽線呢……

（也就是說減肥失敗了吧。）

■日線、週線、月線的K線圖

表現一支個股的線圖有「**日線圖**」、「**週線圖**」和「**月線圖**」這幾種，根據期間的不同準備了各種圖表。

日線圖中一根K線代表一天的股價變動，週線圖的話一根K線則代表一週的變動。

舉例來說，將日經平均指數以日線圖、週線圖、月線圖來看的話，如以下所示。

【日線圖】

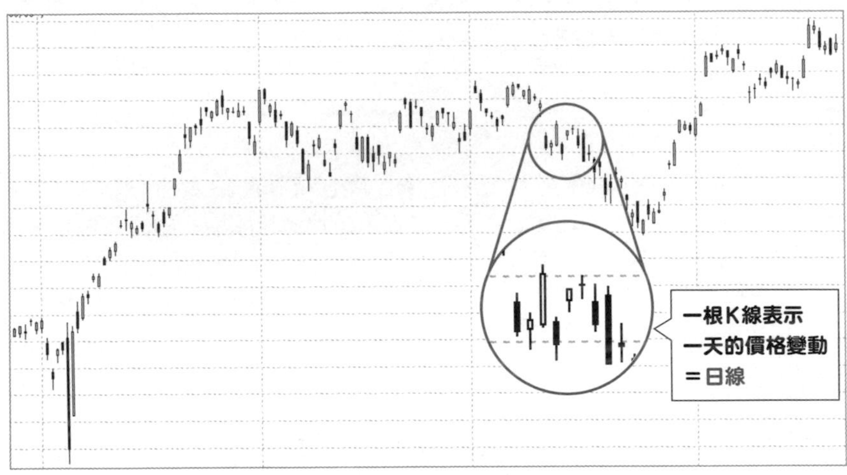

【週線圖】

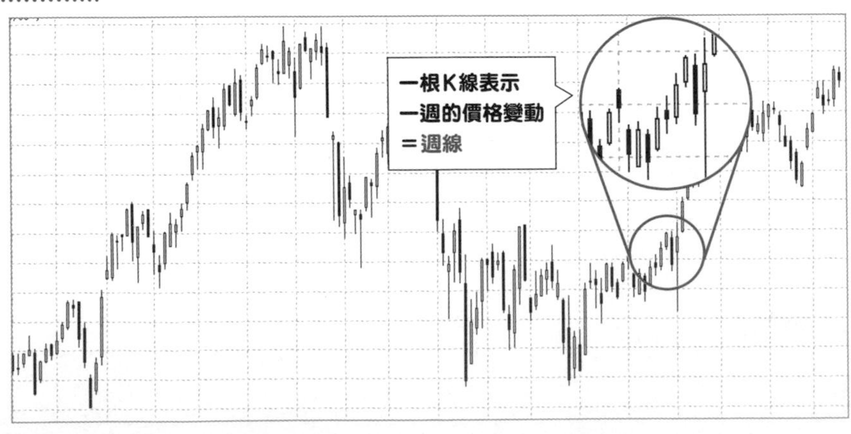

【月線圖】

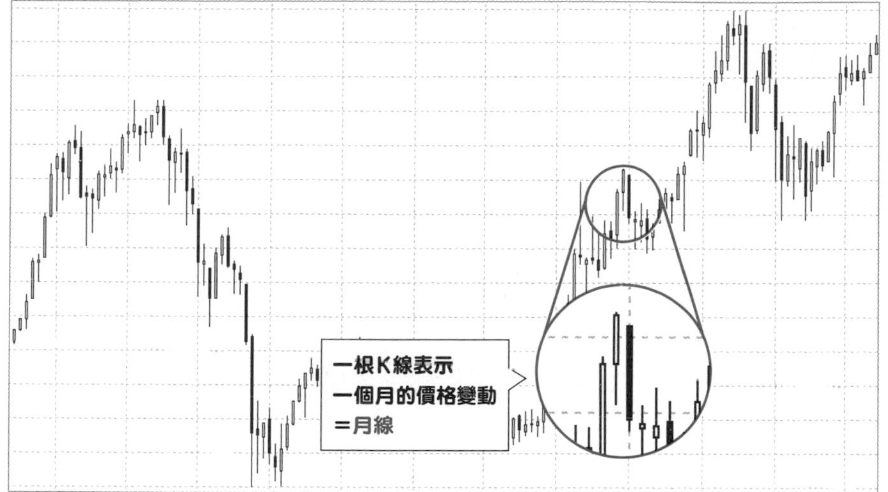

■ 該使用哪個K線圖呢？

雖然同樣都是顯示日經平均指數的線圖，但大家應該也都發現了線圖整體的動態完全變成不同的形狀。

基本上會以每一次的交易，**預計在多長的期間內獲得利益**來決定要使用的線圖。

如果是從數天到數週的短期投資，應該使用日線圖；如果是數個月到一年左右的話就使用週線圖；假設想知道長期股價的走向趨勢時，則應該使用月線圖。

要透過波段交易來獲利的兩位該使用哪種線圖，應該已經知道了吧？

知道！就是日線圖吧！

答對了！

POINT

為了要大致上掌握整體的股價走向，有時也會使用週線圖和月線圖，但波段交易的時候我們主要還是會利用日線圖。接下來在本書介紹的線圖都是使用日線圖。

從一根K線也能看出變化的預兆

讓我們學習從一根K線找出股市變化預兆的方法吧！雖然沒辦法保證學會K線的圖形之後馬上就能夠賺到錢，但先學起來的話會有很大的價值。

嗯？為什麼說不一定能夠賺錢，但還是有學習的價值呢？

在這裡所要介紹的K線圖形雖然不一定跟賺錢有直接的關係，但卻能讓我們抓住變化的預兆。這跟事先察覺危險或機會有直接的關聯。

就算老師你說可以事先察覺，但總覺得還是不太能理解呢……

■十字線（十字星）

為了讓大川君能夠徹底理解，先讓我們來學習K線的其中一種基本圖形「十字線」吧。

十字線指的是下一頁上方那樣的K線。其左邊是股價的變動示意圖，而右邊顯示的是十字線的K線。

雖然過程中股價有很大的上下變動，但結果收盤價跟開盤價呈現一樣的價格，變成這種圖形。

這種圖形，代表的是**想買進的力量和想賣出的力量呈現勢均力敵的狀態**，在股價相對高的位置出現時被視為是「**盤勢轉向下跌的預兆**」，反之，如果在股價相對低的位置出現時則被認為是「**盤勢轉向上漲的預兆**」。

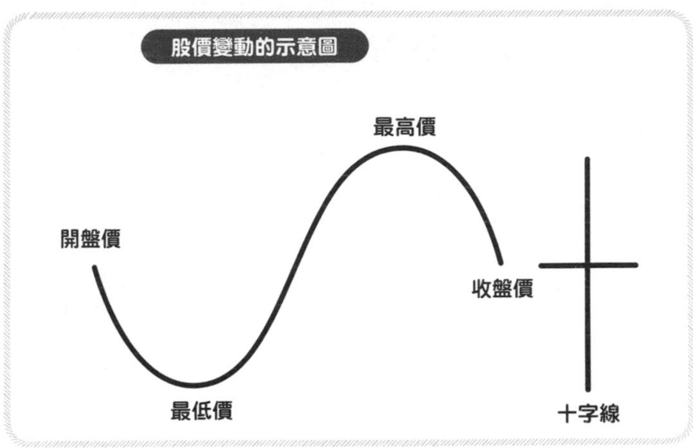

假設大川君所持有的某支股票，股價在順利往上漲後出現這樣的圖形時，你覺得該怎麼做呢？

欸……因為是上漲轉向下跌的訊號，所以**應該要考慮賣掉比較好**，對吧？

對！就是那樣！
這就是剛才所說的事先察覺喔！

的確，大川君能事先察覺危險了呢！

十字線也稱做**十字星**。**請想像是兩種力量在拔河**。喊「預備～開始！」後開始比賽拔河，有時呈現優勢，有時劣勢，結果**最後在與開始相同的位置結束比賽**，就是十字線這樣的形狀。

■長上影K線

接下來是長上影K線。我們先來看看它的形狀。有個很長的上影線是其特徵。

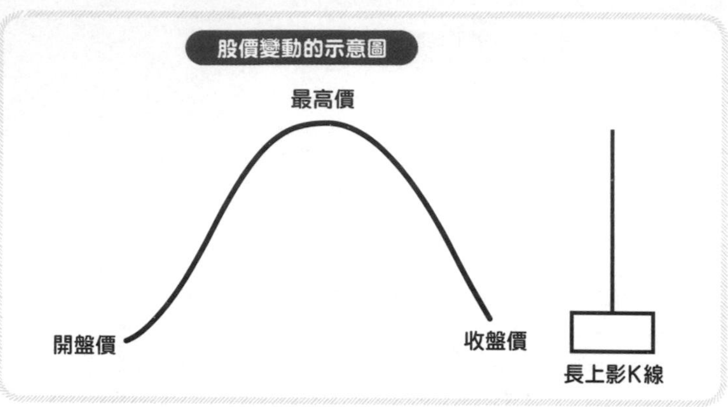

當出現這種形狀的K線時，你們知道股價經過了怎樣的變動嗎？

開盤之後一段時間呈上漲狀態，結果後來一路下跌到結束，是嗎？

答對了！長上影K線雖然也是用來判讀變化預兆的圖形，但發現K線呈現這種形狀時，應該要想：「**股價再上漲的話會有許多想賣出獲利了結的人**」。

如果採用跟十字線時相同的思維的話……
所持有的股票正在上漲時，如果發現這個長上影K線的圖形，也應該要考慮賣出比較好嗎？

是的。
雖然這個圖形出現不代表之後股價一定會下跌，但有「**總之先賣出可能比較好**」這樣想法的人應該也很多。為了要盡可能地提高勝率，請將這種圖形也記到腦袋裡吧！

在股價相對**高價的位置（天花板）看到長上影K線時，就要特別注意**。

通常會認為股價再上漲的話很多投資人就會想賣出，因此這種圖形出現之後容易轉向下跌。

此外，要注意在這裡的長上影K線是陽線，但其也有陰線的型態。

■ 光頭K線

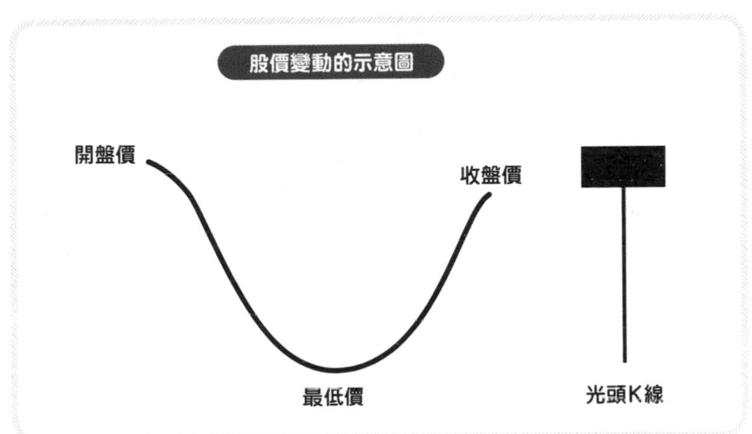

跟長上影K線相反的圖形就是光頭K線。是種下影線很長的圖形，這種K線的形狀**可以用來事先察覺機會**。

例如在觀察線圖時，相對地在股價較低的位置看到這種圖形時，可以想成這是**之後會變化為上漲的預兆**。

這是股票在一度被大量賣出之後，股價又回升的形狀呢！

是的。
在看到這樣的圖形時，可以想成是「股價比當時的價格再往下跌的話，會有許多想買進該股票的人」。

在這之前我們所學的都是用來事先察覺危險的，但這個**光頭K線則是能用來事先察覺機會**的。

在相對**便宜的位置看到光頭K線**的圖形的話，**在那之後轉為上漲**的可能性很高。

另外，光頭K線也跟長上影K線一樣，有陰線也有陽線。在股票下跌接近尾聲的時候，經常會出現光頭K線的圖形，因此請利用線圖工具軟體確認看看。

接下來是為了掌握強烈的下跌傾向和上漲傾向時，所使用的K線圖形：

- **大陰線**
- **大陽線**

讓我們來看看它們長什麼樣子吧！

■大陰線

大陰線是開盤價=最高價，收盤價=最低價的圖形。**沒有影線也是其特色**。是一種從開盤開始就一面倒地被賣出，直到收盤為止的圖形。表示盤勢**強勁地朝著下跌的方向前進**。

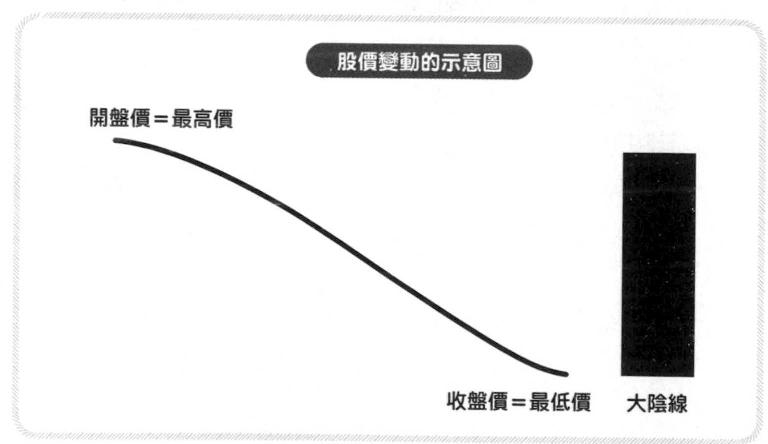

發現這樣的圖形時該怎麼辦才好呢？

發現這樣的K線時，**盡量不要買進該股票才安全**。另外，如果手上的持股出現這樣的K線圖形時，或許**考慮賣掉持股會比較好**。

大陰線是**表示賣出的力量占有優勢的K線**圖形。

發現這個K線形狀的股票，暫時先不要碰它才是上策。

■ 大陽線

大陽線是與大陰線相反的圖形，開盤價＝最低價，收盤價＝最高價，表示**買進的力量占有優勢**。

這個K線圖形，表示股價朝著上漲的方向前進，因此可以考慮買進股票。

另外，在發現這個K線的圖形時，也請同時確認成交量的多寡。如果成交量比平常更多的話，可以認為會**朝著上漲的方向強勁地前進**。

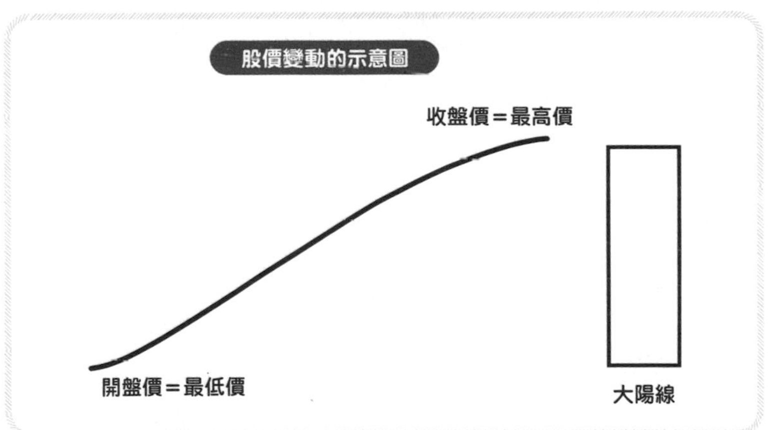

大陰線和大陽線感覺很容易看呢！

非常醒目！

真的是呢！
成交量增加時如果能夠發現大陽線的話，可能是好機會！**股價上下震盪、動向不透明時，如果大陽線出現則會往上移動，這種案例也很常見喔。**

❖POINT❖

十字線、長上影K線、光頭K線都是用來捕捉變化預兆很有效的K線圖形。另外，發現大陰線或大陽線時，就可能可以掌握股市將前進的方向。

■觀察一根K線的圖形整理

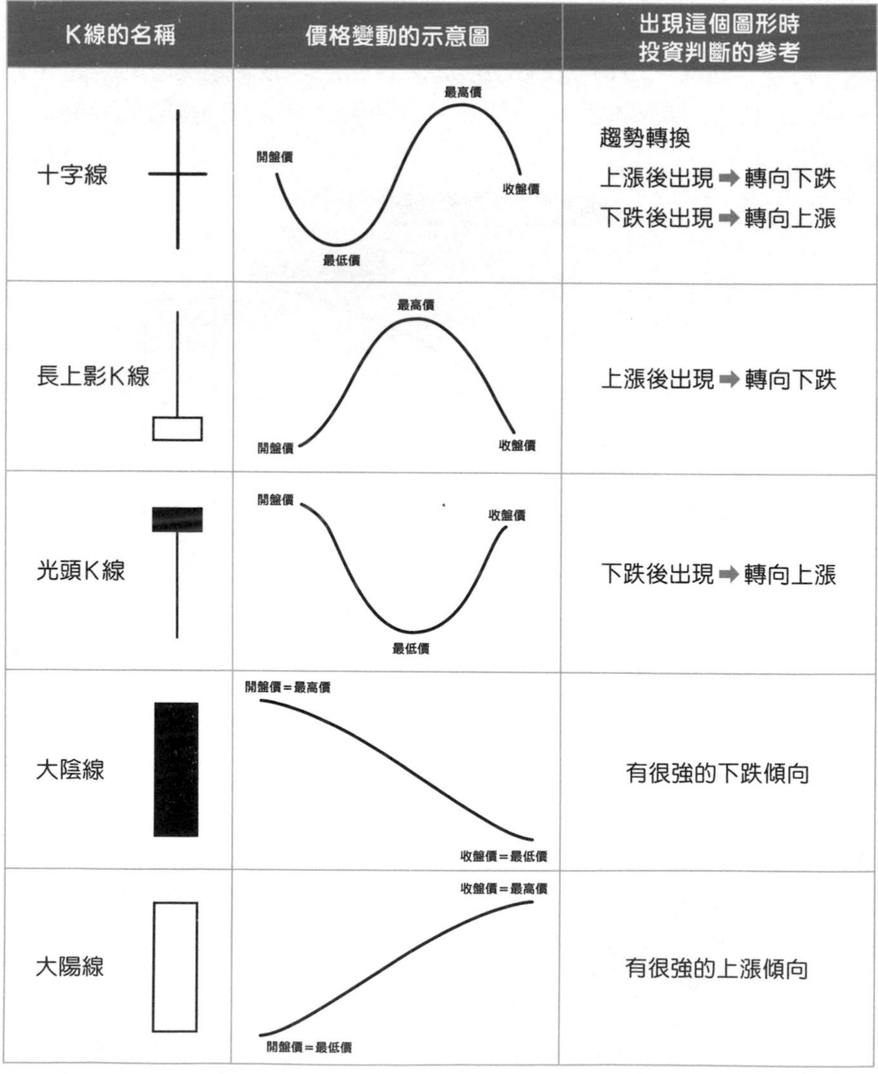

K線的名稱	價格變動的示意圖	出現這個圖形時 投資判斷的參考
十字線	開盤價、最低價、最高價、收盤價	趨勢轉換 上漲後出現➡轉向下跌 下跌後出現➡轉向上漲
長上影K線	開盤價、最高價、收盤價	上漲後出現➡轉向下跌
光頭K線	開盤價、最低價、收盤價	下跌後出現➡轉向上漲
大陰線	開盤價＝最高價、收盤價＝最低價	有很強的下跌傾向
大陽線	開盤價＝最低價、收盤價＝最高價	有很強的上漲傾向

什麼是「趨勢」

聽到趨勢，兩位會聯想到什麼呢？

像是流行之類的概念？

時尚界的確也把流行稱做趨勢呢！

在投資領域的話會把**整體的方向性**稱之為「趨勢」。
首先就讓我們來理解何謂趨勢吧！

■趨勢所指的是方向性

從這裡開始，我們要學習關於「趨勢」的知識。趨勢，簡單來說就是指**整體股價所朝向的方向**。

趨勢大致上可分為：

- **下跌趨勢**
- **橫向盤整**
- **上漲趨勢**

這三種類型。

這當中特別希望初學者能夠關注的就是「上漲趨勢」。**搭上上漲趨勢的順風車的話，就算是初學者也能輕鬆獲利**，所以看線圖時，好好集中目光在上漲趨勢上吧！

那麼，就讓我們一個個來看這三種趨勢類型吧！

下跌趨勢

從以下的線圖可以看出，股價從左上向右下緩緩下滑的樣子。這樣的狀態稱做**下跌趨勢**。在下跌趨勢時想要獲利的難度很高。

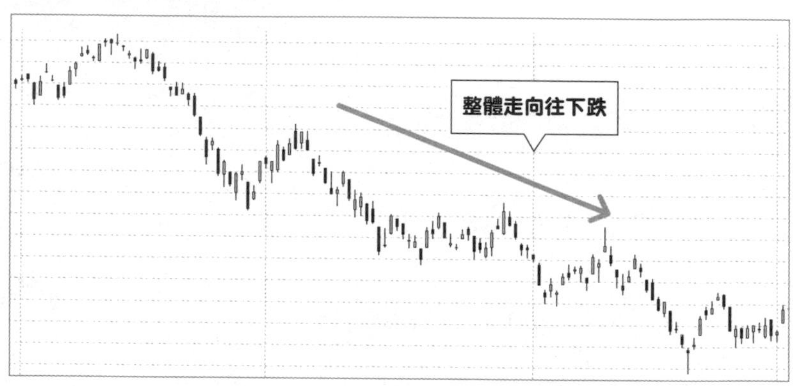

橫向盤整

股價上下震盪，呈現橫向移動的樣子稱做「**橫向盤整**」，也稱做「**橫盤**」。這時也跟下跌趨勢一樣，要獲利是不容易的。

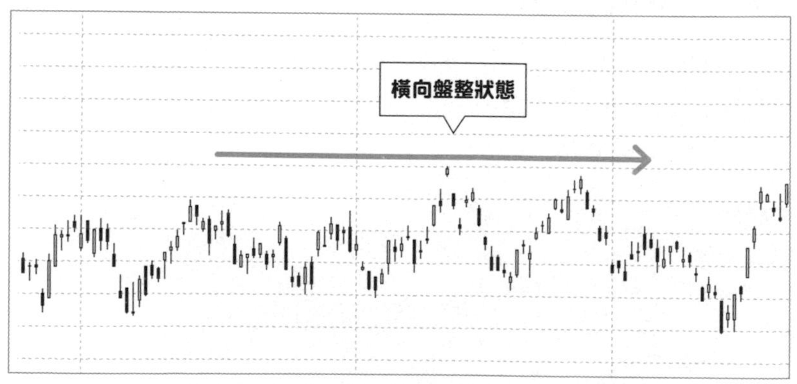

上漲趨勢

最後介紹的是**上漲趨勢**。看整體的走向，可以知道股價一點一點地在緩慢上漲。

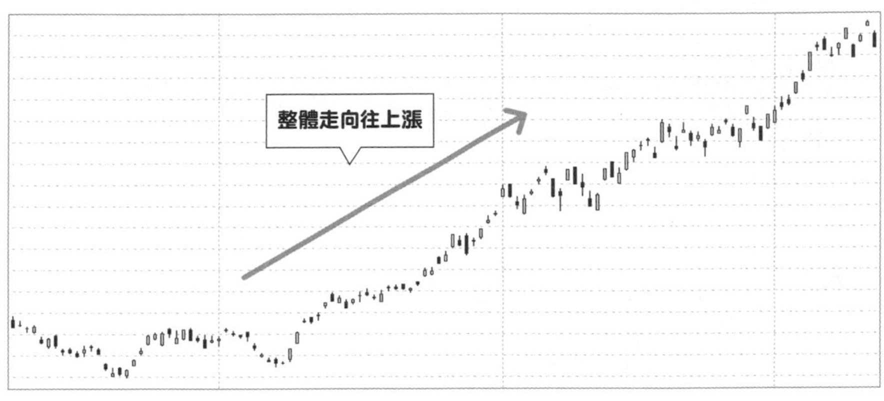

在初學者的階段，還是把目標放在「在上漲趨勢時搭上那個趨勢，獲得利益」比較好。

為什麼搭上趨勢這麼重要呢？

對啊，沒有其他跟趨勢不相關的賺錢方法嗎？

用河川來比喻趨勢的話，我想應該比較好懂。
在河川中游泳的話，是逆著河川的流向游，還是順著河川的流向游比較容易前進呢？

那當然是順著河川的流向游啦！

投資股票跟在河川裡游泳一樣，不要逆著整體的流向才不會太辛苦。
搭上上漲的趨勢來買賣股票，會比較容易獲利。

畫出趨勢線把握大盤走勢

想要掌握趨勢，有一個方法就是「自己在線圖上畫線」。
把線圖中的幾個點用一條線連起來就可以了。

■畫出趨勢線吧

在K線圖上試著自己畫線吧！畫出來的這條線叫做**趨勢線**。

在上漲趨勢中畫出趨勢線

要在上漲趨勢畫出趨勢線時，要將線圖中低價的部分連起來畫出一條線。

換句話說，也就是要將K線圖下方凸出來的K線連成一線的意思。

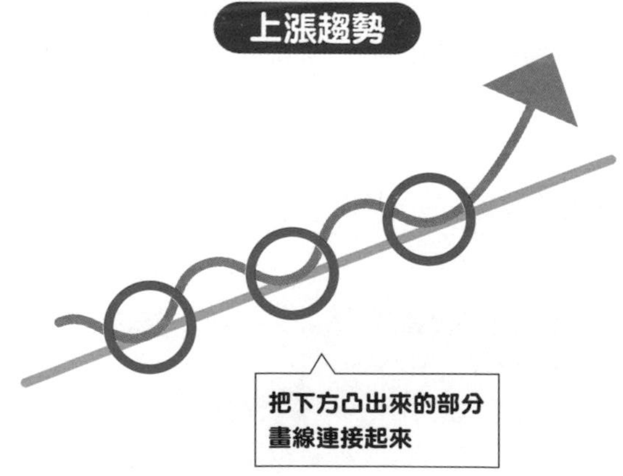

在下跌趨勢中畫出趨勢線

另一方面，下跌趨勢時則是反過來，把上方凸出的K線畫一條線連接起來。

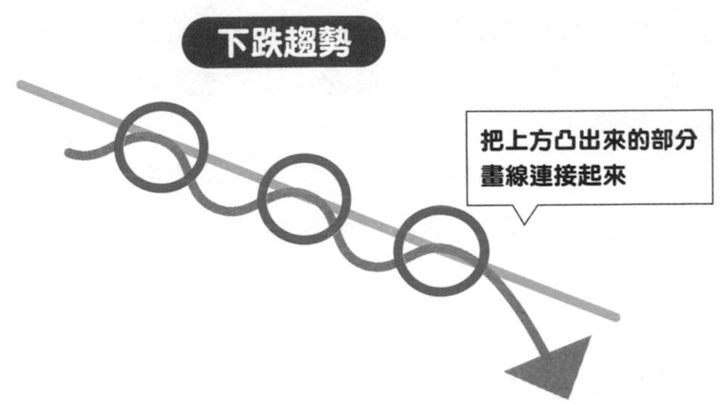

趨勢線一定要畫直線。不需要連到全部的最低價（最高價），抓個大概就可以了。

■觀察趨勢線和價格變動的關係

讓我們拿已經實際畫出趨勢線的線圖來看看。也要注意股價的變動和所畫的趨勢線之間的關係。

上漲趨勢時

試著觀察上漲趨勢中趨勢線的關係。

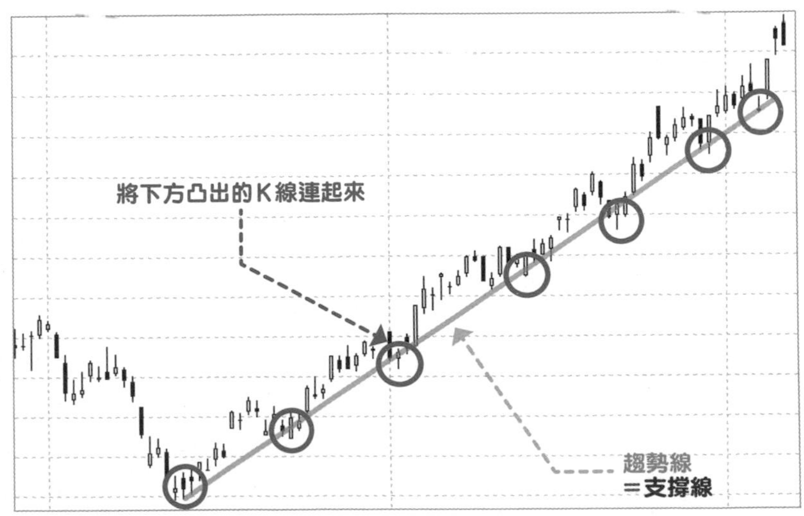

在此線圖中，**股價看起來是被趨勢線所支撐而不斷上漲**。這個在上漲趨勢時的趨勢線也被稱為「**支撐線**」。支撐線也可以用來找到**上漲趨勢時低價的目標價**。

例如，在股價接近支撐線時買進股票，在趨勢沒有轉下跌之前持續持有股票，以這種戰略操作就有可能獲利。

下跌趨勢時

下跌趨勢時，趨勢線會像是下方的樣子。

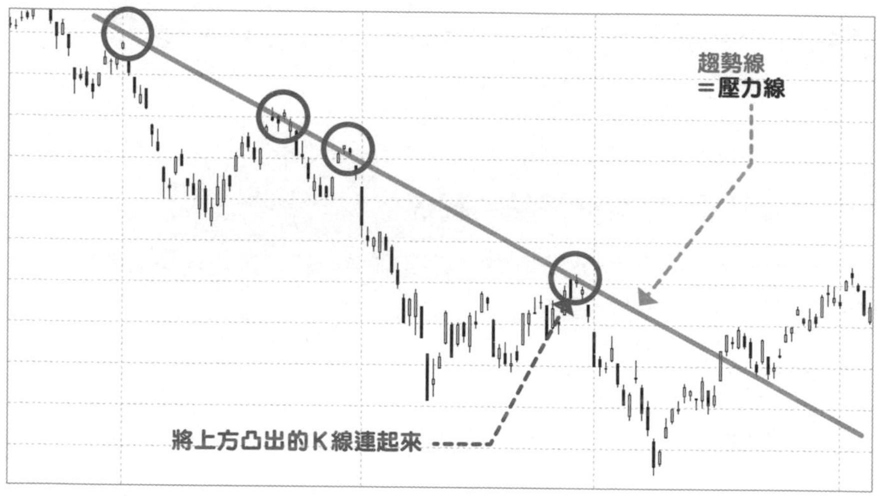

股價像是被趨勢線壓著頭一樣往下走跌。這個在下跌趨勢時的趨勢線被稱為「**壓力線**」。可以看到股價持續跌破前一波高價，呈現下跌的狀態。

上漲趨勢時是支撐「低價」的線，下跌趨勢時是抑制「高價」的線對吧？

粗略地畫線就可以了吧。

■使用趨勢線，「在趨勢改變時買進」的概念

「掌握股價大致的趨勢走向」是趨勢線的基本使用方法，但其他也有像是「**在趨勢改變時買進**」這樣的使用方法。

請看下圖中用紅色圓圈所圈起來的部分。在下跌趨勢中，股價向上突破壓力線，趨勢改變、股價持續上漲。此時如果買進股票的話，可以想成跟「**在下跌趨勢結束時買進**」是同樣的狀況。

像是這樣，趨勢線也可以用來掌握買賣的時機。

■根據畫出的趨勢線可以做更深層的思考

不單單只是把線圖原原本本的顯示出來，如果能夠把趨勢線畫出來一邊思考股價是如何變動的話，會學到很多東西。

這也是不用實際花錢就能夠持續累積經驗的學習法。

趨勢線是要把線圖列印出來後再用尺畫出來嗎？

列印出來後用尺畫線也可以，但最近很多的線圖工具軟體用電腦就可以畫線了喔！

畫出趨勢線後思考線圖是很好的學習方法。試著觀察往下穿破支撐線的話股價會怎麼變化，或者往上突破壓力線後，價格的變動又會是如何吧！

趨勢線的使用方法

<table>
<tr><th>趨勢線的種類</th><th>使用範例</th></tr>
<tr><td rowspan="2">上漲趨勢時
將最低價連起來的線
（支撐線）</td><td>將趨勢線當作低價目標價，當股價跌到線附近時買進。 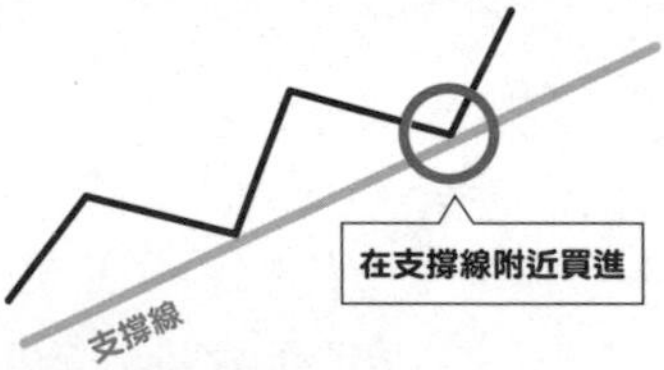
</td></tr>
<tr><td>股價向下跌破趨勢線時賣出。 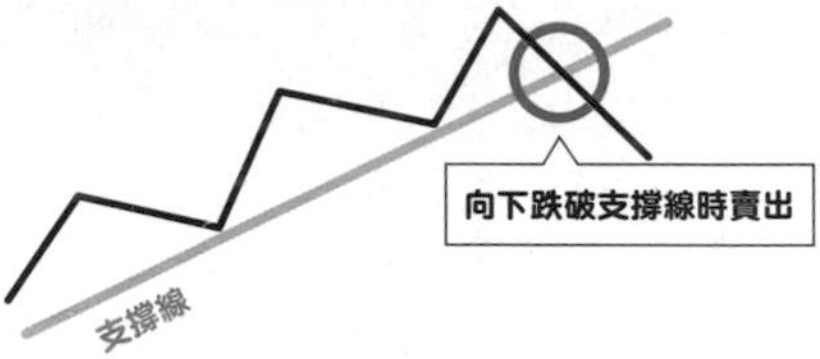
</td></tr>
<tr><td rowspan="2">下跌趨勢時
將最高價連起來的線
（壓力線）</td><td>將趨勢線當作高價目標價，當股價漲到線附近時賣出（※）。 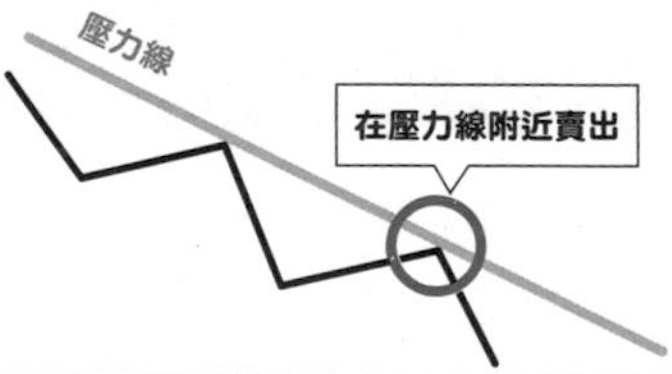
</td></tr>
<tr><td>股價向上漲破趨勢線時買進。 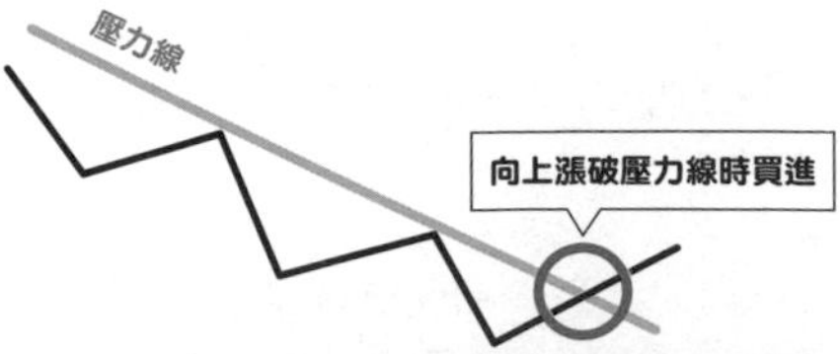
</td></tr>
</table>

※這種情況，應該要放空股票。放空股票較適合股票高手來操作，先以做買進的交易獲利為目標吧。

希望大家先記住的知名技術指標「移動平均線」

在K線圖之後，總算要輪到「移動平均線」登場了。移動平均線雖然是技術指標的其中一種，但其知名的程度可是其他指標難以望其項背的呢！

我有聽過這個名字。原來移動平均線也是技術指標的一種啊！

我們會在第3天針對技術指標做更進一步的學習，但在第1天先只介紹最有名的移動平均線。我們馬上用以下的線圖來看看它長什麼樣子吧！

像是跟在K線旁邊一般，有兩條若即若離跟著一起移動的線。這就是移動平均線。

跟K線圖感情很好，陪伴著它一起移動呢！

沒有錯。
會有這種動向是因為，移動平均線是將股價的變動平均後所顯示出來的一條線。

■移動平均線的原理

移動平均線是將幾天份的收盤價加總後除以其天數算出來的。

譬如，5日移動平均線是「過去5天的收盤價加總後除以5所得到的平均值」，這就是第5天移動平均線的值。

5日移動平均線的情況

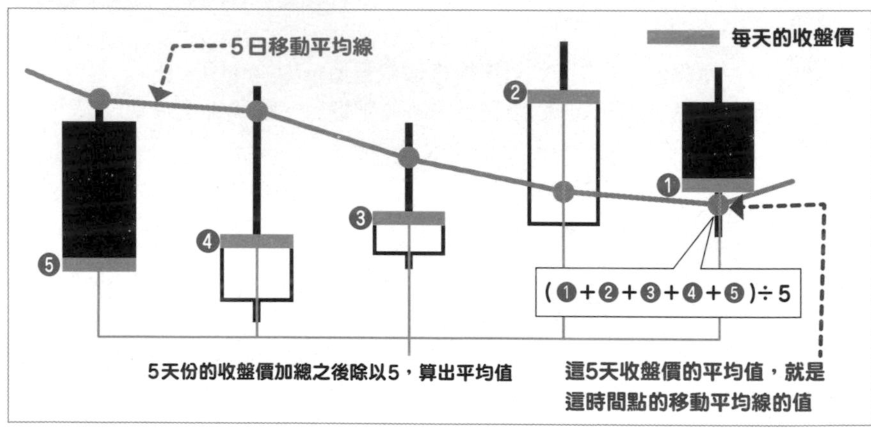

根據所參考的收盤價天數不同，移動平均線的種類也會改變。如果參考的是25天的收盤價的話，就會是「25日移動平均線」，參考75天的收盤價的話，則是「75日移動平均線」。

前頁的線圖中，有顯示出5日移動平均線和25日移動平均線這兩條。

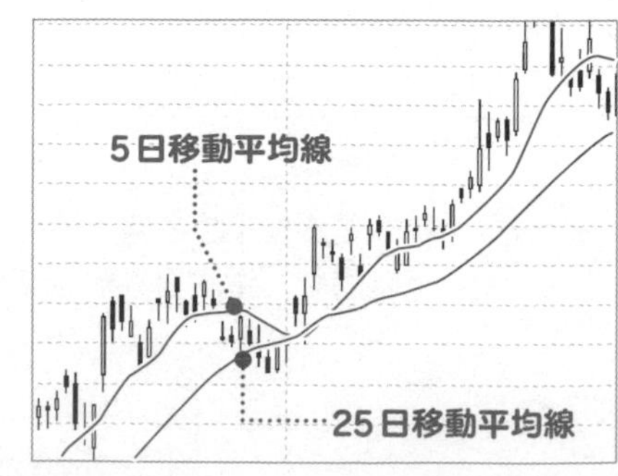

移動平均線的參考期間愈短，線的震盪會愈激烈

參考的期間愈長，平均值就會變得愈平穩，因此移動平均線的動向也會愈和緩。反之，參考的期間愈短，移動平均線的上下震盪就會變得愈明顯。

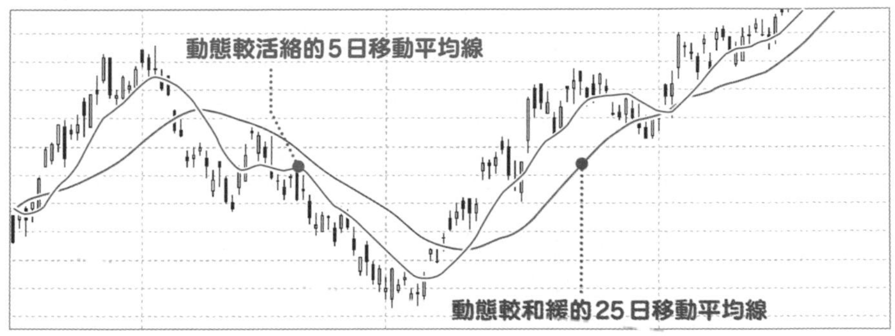

觀察上面的線圖，我們可以發現在上漲趨勢時，股價上漲之後，5日移動平均線好像追著它一般往上升。25日移動平均線則是遲了一點，在這之後才跟著往上升。

這是因為，比起25天的平均值，5天的平均值更能快速反應股價變化的緣故。

到底為什麼需要同時顯示兩條移動平均線呢？

移動平均線的重點是「兩條平均線之間的關係」，關於這點我們會在下一段做解說。

■移動平均線的「短期線」和「長期線」是什麼？

移動平均線有各種期間的線能夠參考。日線圖的情況，一般是參考5日、25日和75日的移動平均線。週線的話，則是較常使用13週、26週和52週的平均線。

另外，一般移動平均線是**「短期線」和「長期線」兩條線一組一起使用**。線如其名，指的就是參考天數短的移動平均線和參考天數長的移動平均線。在本書所使用的是5日移動平均線和25日移動平均線。

■用移動平均線可以掌握大致的趨勢走向

因為移動平均線是將股價的變動做平均化，所以這條線往上走的話代表是上漲趨勢，往下走的話代表是下跌趨勢，能用來大致掌握股價的趨勢走向。根據這樣的特徵，移動平均線在技術指標當中也被稱為「**趨勢型技術指標**」。

大致上的趨勢可以單獨透過K線圖來了解，**但同時使用像是移動平均線這樣的趨勢型技術指標的話，可以期待其正確性會大幅提升**。如果能夠在上漲趨勢剛開始漲的時候就買進股票的話，就可以獲得很高的利潤。關於移動平均線的詳細使用方法，讓我們從下一頁開始學習。

關於移動平均線以外的趨勢型技術指標，我們則會在第3天時一起學習。

思考黃金交叉和死亡交叉

黃金交叉和死亡交叉是在學習線圖分析時，應該要先知道的觀念。這種觀念是利用兩條線來抓出買進或賣出的時機。

兩條線……啊，是指在前一章學過的移動平均線嗎？

沒錯。用兩條移動平均線舉例，讓我們看看什麼是黃金交叉和死亡交叉吧！

■ 黃金交叉

在線圖中，短期移動平均線往上突破長期移動平均線的話，就稱為**黃金交叉**。

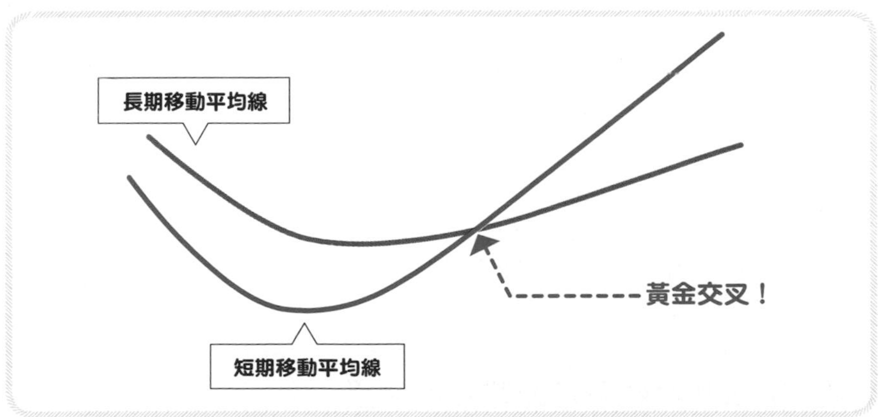

黃金交叉代表的是下跌趨勢要開始**轉換成上漲趨勢**了，常被當作是**買進的訊號**。

■死亡交叉

反過來說，當短期移動平均線向下貫穿長期移動平均線時，就叫做**死亡交叉**，表示上漲趨勢要開始**轉換成下跌趨勢**，常被當作是**賣出的訊號**使用。

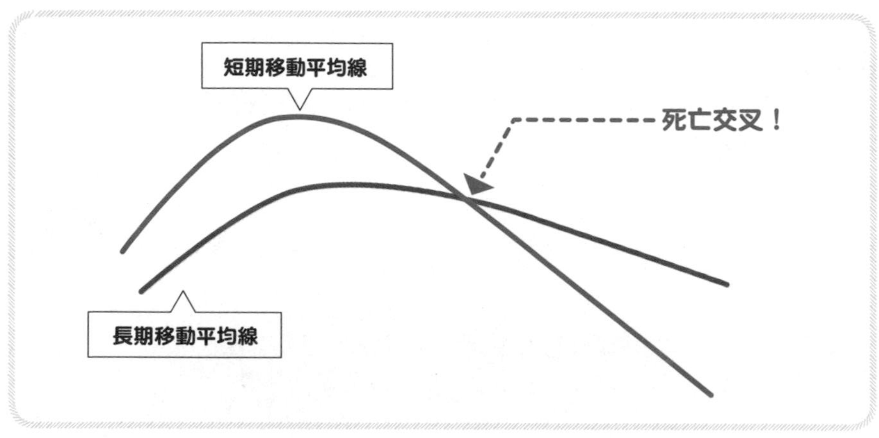

■「主詞」是短期平均線

黃金交叉和死亡交叉都是以「**短期線是否**」往上突破長期線，或向下貫穿長期線來判斷。**主詞都是「短期線」**，以「**短期線是怎麼與長期線互動的**」來做判斷。

短期線都是貫穿的那一方呢！

在這裡雖然是以移動平均線來舉例，但**黃金交叉和死亡交叉的概念也能用在其它的指標**。因為經常被使用，所以請好好地牢記在腦中。

■股價K線和移動平均線也能夠使用

到目前為止，都是以兩條移動平均線來思考黃金交叉和死亡交叉，但其實一條移動平均線和股價K線也能夠套用相同的邏輯。

但是，為什麼黃金交叉是買進的時機，死亡交叉是賣出的時機呢？

沒有什麼理由，只要把這個規則背起來就好了吧？

不不，是確實有正當理由的喔。

■黃金交叉和死亡交叉的原理

讓我們以5日移動平均線和股價線圖的關係為例子來思考看看。

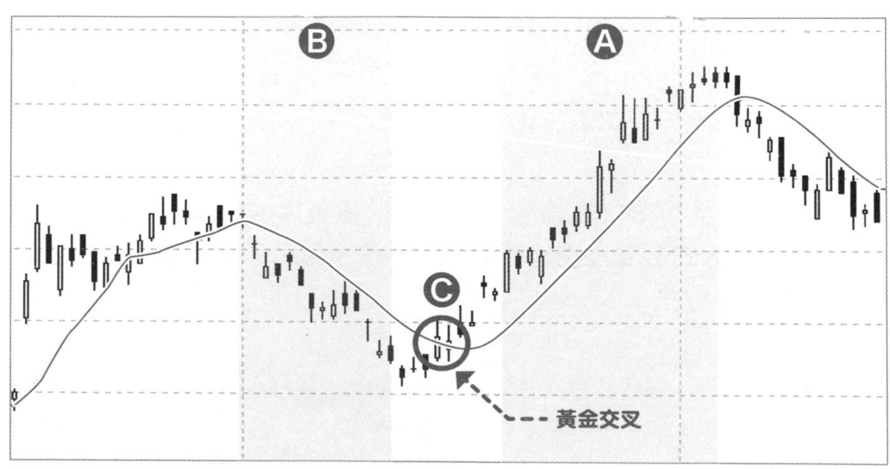

前提是，在這5天前後買了股票的人，得在5日移動平均線所顯示的股價附近買進並持有股票。

例如像是Ⓐ點的情形，股價在移動平均線的上方時，在那附近買進的人會呈現含有未實現利益（未出清股票結算，但帳面上呈現獲利）的狀態。

像這樣，所持有的股票含有未實現利益時，大川君你會怎麼認為呢？

會覺得「當初多買一點就好了！」，或是會有「再多漲一點吧！」這樣的想法。

像這樣持有的股票含有未實現利益的時候，**投資人的心理會變得很「積極」**。

那麼，反過來，像是Ⓑ點的情形，股價在移動平均線的下方時又會是如何呢？在這附近買進股票的人，一般被認為是呈現含有未實現損失（未出清股票結算，但帳面上呈現損失）的狀態。

※註：通常在台灣會把未實現利益和未實現損失合併稱為「未實現損益」。

所持有的股票含有未實現損失時，真理子小姐又會怎麼想呢？

嗯～我會覺得「當初沒買就好了（哭）」或是「要是損失減少時就趕快放手出清股票……」。

像這樣在含有未實現損失的狀態時，**投資人的心理會變得很「消極」。當投資人的心理呈現積極狀態時股價容易上漲，呈現消極狀態時則容易下跌**。

那麼，請看Ⓒ的時機點。在這裡的話，投資人的「積極度」和「消極度」會怎麼變化呢？

知道了！消極會逆轉成積極呢！

所以是「買進訊號」！

就是那樣。而那就是黃金交叉的時機！
這次是請兩位思考現在的股價和5日移動平均線的關係，不過其實兩條移動平均線的關係也能用同樣的方式思考。

原來如此！學到好東西了！
在移動平均線的黃金交叉時買進，死亡交叉時賣出的話感覺就一定能賺到錢呢！

如果真是那樣就好了。
但是，這種方法也會有陷阱，光只是靠黃金交叉和死亡交叉來進行投資判斷的話，也不是一定都會照著劇本走。
下個章節開始，我們會一併介紹使用移動平均線黃金交叉和死亡交叉的缺點。

POINT

短期線往上突破長期線的時機，一般認為是積極的一方占優勢，所以是「買進」的時機。反之，往下穿破長期線的時機，一般認為是消極的一方占優勢，所以是「賣出」的時機。

像是黃金交叉和死亡交叉這樣的觀念，在趨勢型技術指標特別常被使用。雖然是很基本的觀念，但卻絕不是萬能的。

請不要不經思考、只是一味重複「移動平均線出現黃金交叉所以買進！」這樣固定的操作方法。

「移動平均線」的弱點

雖然移動平均線非常方便好用，但並非萬能。讓我們來掌握它的缺點吧！
在那之前，我們先在實際的線圖中看看，利用前述的兩條移動平均線所找出的買賣訊號。

■觀察移動平均線的黃金交叉和死亡交叉

如同前述，在黃金交叉時「買進」，死亡交叉時「賣出」是移動平均線的基本用法。

讓我們在K線圖中，顯示出5日移動平均線和25日移動平均線觀察看看吧！

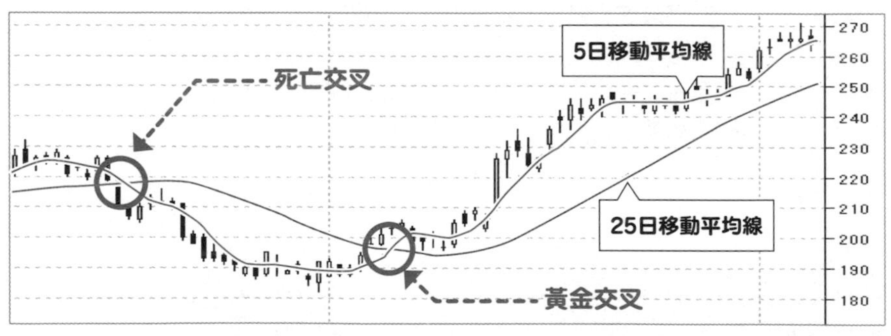

在上方的線圖中，可以看到股價在死亡交叉後下跌，然後在黃金交叉後持續上漲。

照著剛才的法則漂亮地移動了呢！

的確如此。但是，有時也有沒那麼順利的案例。
也讓我們來看看移動平均線的弱點吧！

移動平均線的弱點① 買進訊號、賣出訊號會延遲出現

移動平均線是收盤價加總後除以天數所算出來的平均值。

因為是平均值，到實際反應出股價為止會產生時間差。

就算說今天股價上漲了，不代表5日移動平均線馬上就會跟25日移動平均線產生黃金交叉。

如同下圖所示，**股價開始上漲之後，稍等了一下**黃金交叉才出現。

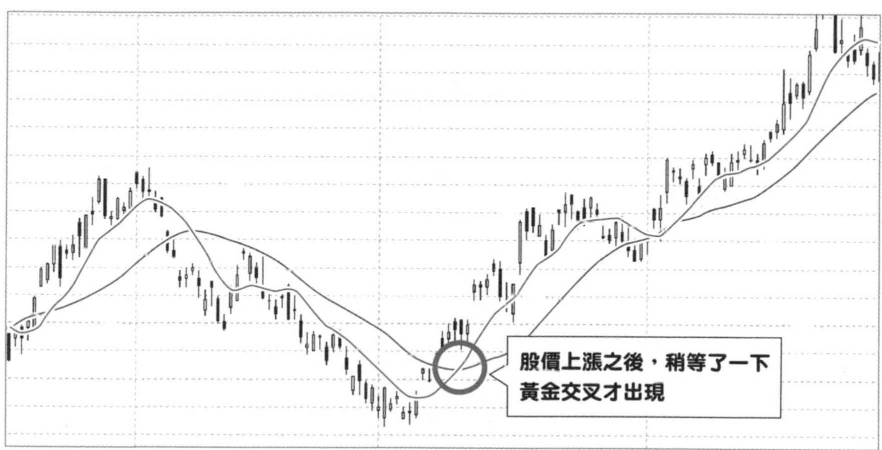

為了解決這個問題，我們不考慮5日移動平均線和25日移動平均線的關係，而是透過**使用現在的股價K線跟5日移動平均線之間的關係**來調整。

另外，將算出指數的天數縮短的話，黃金交叉和死亡交叉的買進訊號和賣出訊號也會提早出現。

原來如此！縮短平均線的天數的話，訊號就會提早出現啊！聽到好東西了呢！

但是縮短天數的話，會容易碰到下一節我們要介紹的「容易遇到陷阱」的弱點。

移動平均線的弱點② 容易遇到陷阱

減少移動平均線的計算天數，雖然能更容易掌握買進時機和賣出時機，但**計算的天數愈少，就會愈容易遇到陷阱**。讓我們看看下圖的例子。從線圖中可以看出來，黃金交叉和死亡交叉頻繁地交替出現。

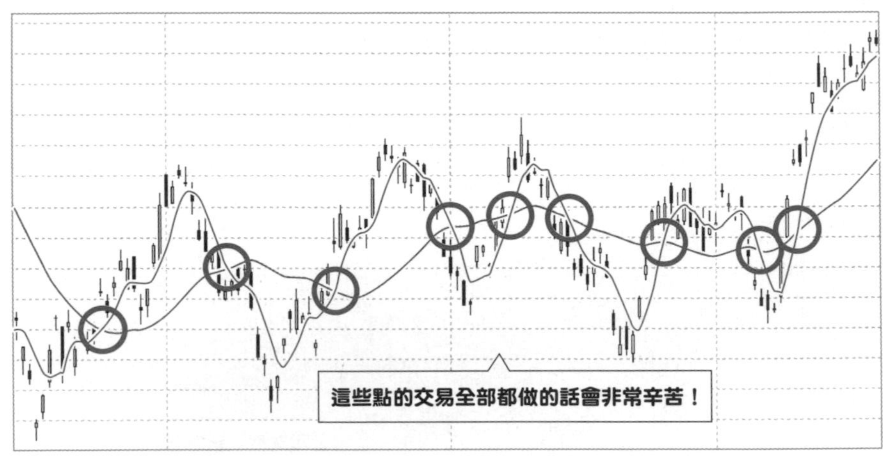

如果，我們反覆照著這些黃金交叉來買進，死亡交叉來賣出的話，就會不得不反覆好幾次買進又賣出的操作，要獲利會變成愈來愈困難。

陷阱也太多了吧！

真的耶。這樣的話，結果移動平均線根本無法在實戰中使用不是嗎？

不，不是那樣的。就算有弱點，移動平均線還是相當好用的技術指標喔！

■知道弱點後在使用上下功夫！

雖然有弱點，但移動平均線是適合用來掌握大致趨勢的技術指標，這點是不會改變的。了解其弱點之後，再下點功夫去調整，例如用：

- **根據不同的個股調整移動平均線的天數**
- **配合使用移動平均線以外的技術指標**
- **加入成交量的要素一併思考**

等方法使用它。有關移動平均線以外的技術指標以及成交量，我們會在第3天學習。

POINT

移動平均線基本的兩個使用方法是：

- **用來抓出黃金交叉時買進，死亡交叉時賣出的時機**
- **根據移動平均線所朝的方向，掌握大致上的趨勢**

以上的方法雖然很簡單易懂，但有著：

- **訊號會延遲出現**
- **容易遇到陷阱**

這些弱點也是事實。

幾乎所有證券公司的線圖工具軟體，其移動平均線的計算天數都能夠變更，因此我們可以配合不同的個股下功夫調整，有時候不使用5日移動平均線而是試著使用10日移動平均線，或是配合使用移動平均線以外的技術指標，以對應不同的狀況。

買賣時機的基本型！何謂「格蘭維爾法則」？

「法則」這個詞聽起來好像股票專家，帥呆了！

哈哈哈。**格蘭維爾法則**，是使用目前我們所學到的K線圖和移動平均線，它能具體地顯示**買賣時機**，在線圖分析中可是**非常基本的概念**喔。在第1天課程的最後，我們好好地把它學起來吧！

■使用了股價和移動平均線，買賣時機的基本原則

格蘭維爾法則是「約瑟・E・格蘭維爾」所發明的。格蘭維爾從**股價和移動平均線的關係中**找出了四個買進時機和四個賣出時機。我們把這些時機整理成下圖的樣子。

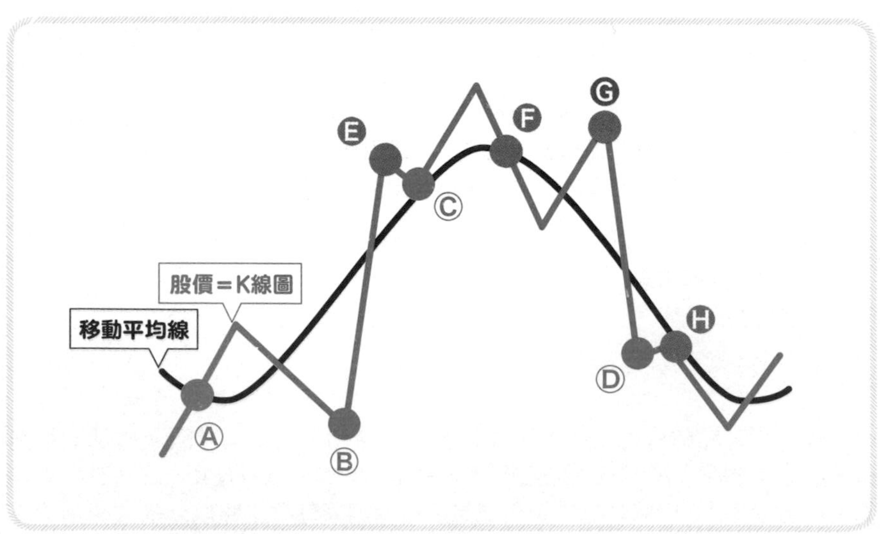

紅色的折線圖是K線圖，換句話說顯示的是股價，而黑色的線顯示的是移動平均線。

在格蘭維爾法則中，如果股價和移動平均線的關係呈現Ⓐ～Ⓓ的其中一個狀態則考慮「買進」，❺～❽的其中一個狀態則考慮「賣出」。

讓我們來仔細看看每個買賣的時機點。請一邊對照圖中的英文字母一邊試著思考如何操作。

買進的時機點（紅色英文字母所示）

Ⓐ **移動平均線在下跌漸漸轉弱的階段，K線由下往上突破移動平均線，產生黃金交叉的時機點。**

Ⓑ **雖然K線在移動平均線的下方，但移動平均線呈現上漲，股價短暫拉回下跌的時機點。**

Ⓒ **移動平均線呈現上漲傾向，雖然K線往下跌但在碰到移動平均線之前反彈的時機點。**

Ⓓ **移動平均線呈現下跌傾向時，K線偏離移動平均線而大幅度往下跌的時機點。**

賣出的時機點（灰色英文字母所示）

🅔 **移動平均線呈現上漲傾向時，K線偏離移動平均線而大幅度往上漲的時機點。**

🅕 **移動平均線在上漲漸漸轉弱的階段，K線由上往下穿破移動平均線，產生死亡交叉的時機點。**

🅖 **雖然K線在移動平均線的上方，但移動平均線呈現下跌，股價短暫反彈上漲的時機點。**

🅗 **移動平均線呈現下跌傾向，雖然K線往上漲但在碰到移動平均線之前再度下跌的時機點。**

在看實際的線圖時，可以發現很多動向都能套用格蘭維爾法則所提到的各個時機點。請務必好好觀察注意看看。

在格蘭維爾法則中的買賣時機點做投資的話，就能提高勝率嗎？

當然，雖然不是絕對的，但可能性會提高。不過，也有不好抓的時機點。

■不同的時機點難易度也不同

在買進時機點中，**Ⓐ和Ⓒ的時機點初學者也能輕鬆掌握**，所以推薦使用。但是**Ⓑ和Ⓓ的時機點難度就有點高了**。

在賣出時機點中，🅕和🅗的時機點比較容易使用。如果持有股票時遇到🅕和🅗的賣出時機點時，試著考慮賣出是較好的選擇。

就算際操作時不使用，在思考移動平均線和股價的關係時，格蘭維爾法則也能夠派上用場。在第1天課程的最後，好好地記進頭腦裡吧！

POINT

要利用格蘭維爾法則來找出買進的時機點和賣出的時機點做交易，可能會覺得難度很高也說不定，但即使如此還是有很多具有參考價值的部分。

特別推薦像是我們所介紹的「買進時機點的Ⓐ和Ⓒ」，還有「賣出時機點的🅕和🅗」。

觀察實際的線圖時，應該也能夠找到很多可以套用這些規則的例子才是。

第2天

利用線圖類型來獲得「預知走勢的能力」！

讓我們更深入探討第1天所學習的股價線圖。

其實，股價線圖的動向存在著「特定的類型」。

如果能夠熟知這些，就有可能在股價產生變動之前掌握其動向。

線圖類型可以養成「預知走勢的能力」

■在線圖中會出現的各式各樣的「圖形」

線圖類型所指的就是在線圖中常常會出現的典型圖形。了解線圖類型有以下的優點：

- **提高抓住投資機會的可能性**
- **提高事先察覺危機的可能性**

所以讓我們在這個章節好好學習吧！

這跟目前為止我們所學的「用一根K線的形狀和移動平均線來發現機會和危機」有何不同呢？

雖然使用的目的大同小異，但使用的方法各有些許的不同。
今天所學習的線圖類型，是**利用記住線圖的形狀來預測今後股價變動**的方法。

舉個例子讓你們想像一下吧！
譬如，請你們猜猜看我接下來要畫的是什麼東西，在知道答案的時候請馬上搶答。開始囉！

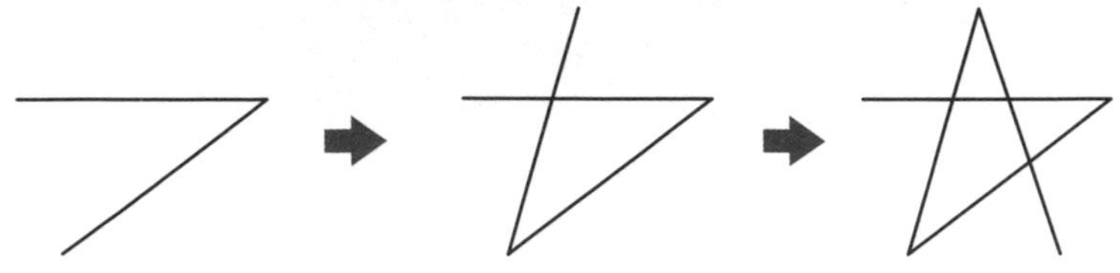

星星！

答對了！那下一題。

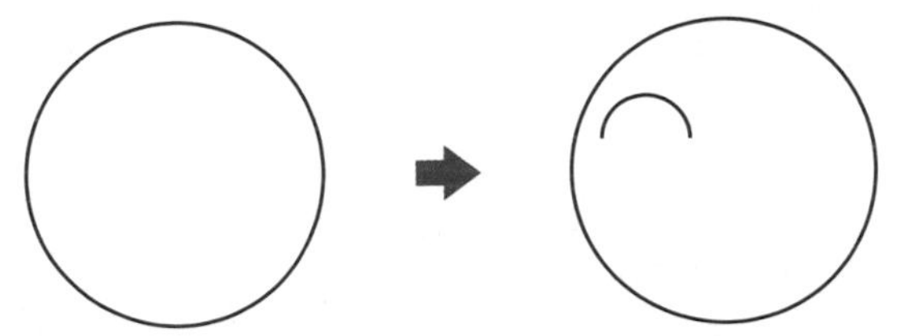

是笑臉吧！

啊～～ 被搶先回答了！

就像這樣，在我畫圖到一半時就能猜到最後的圖形的話，就能**預測我接下來要畫的線是什麼樣子**吧？

嗯，真的是如此。

線圖類型也是採取同樣的方式，**事先把典型的線圖形狀記起來**的話，就算圖形才畫到一半，**也能預測之後會如何變化**。

原來是這樣！所以才要把線圖上常常出現的形狀記下來啊！

線圖類型並不只是單純把圖形記下來就可以了。因為線圖類型不一定會漂亮地照著範例的圖形走，如果只是單純把形狀背下來的話，在實際投資時一定會常常派不上用場。

想像投資人的心理，一邊學習線圖類型，一邊思考「**為什麼線圖會變成這樣的形狀**」才能使其成為在實戰中也能使用的技巧。

看到就該出清持股的訊號！頭肩頂

一開始我們先來看看叫做「頭肩頂（Head and Shoulders Top）」的線圖類型。這個名字就表現出了圖形呢。

■市場行情在天花板附近轉向下跌時常看到的形狀

頭肩頂又稱做**三重頂或三尊頭，在市場行情接近天花板（高價區）附近，上漲後又下跌時**常常可以看到這個圖形。

因為形狀看起來像是三尊佛像並列的樣子，所以別名才叫做三**尊頭**。讓我們先來看看它的形狀。

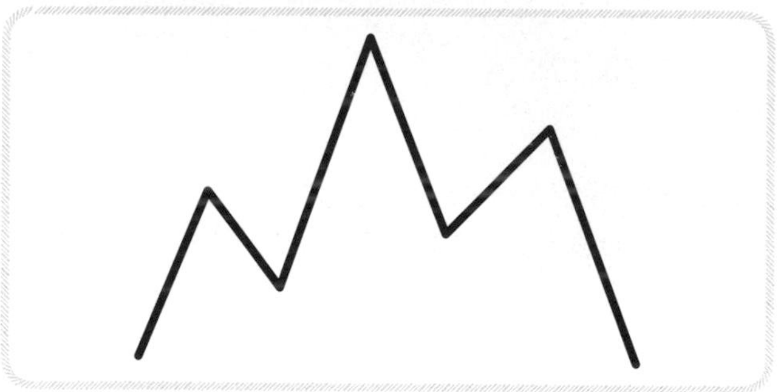

基本形狀就如上圖，中間有著像是頭的一座大山，兩旁的是像肩膀一樣的兩座小山。

在線圖中出現這樣的圖形的話，就可以認為是靠近天花板了嗎？

並不是只要出現這個形狀就是靠近天花板。
但是，股價**跌到頸線以下時還是避免買進股票比較聰明**，如果本來手上就有持股，這時候考慮**出清手上的持股是比較好的選擇**。

頸線……指的是什麼呢？

■ 頭肩頂的頸線是什麼

所謂的頸線，指的是把**第一個下跌波段和第二個下跌波段時最低價的點連起來的線**。然後，向下穿破頸線用紅色圈所圈起來的地方，就是賣出訊號的位置。

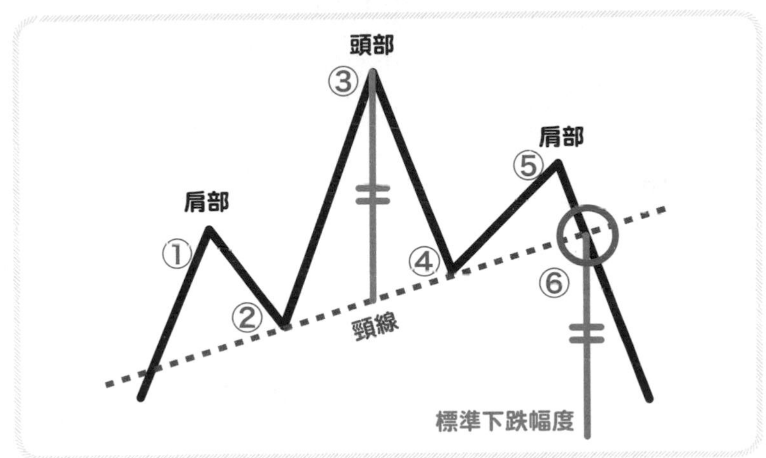

配合著圖上的編號，讓我們來看看每個階段的狀態。

①	**伴隨著成交量的提升形成最初的山（形成肩部）**
②	**形成最初的山之後，稍微拉回**
③	**之後，向上反彈或伴隨著成交量提升創下新的最高價（形成頭部）**
④	**形成頭部之後下跌，形成山谷**
⑤	**雖然股價第三次上漲，但不見成交量有起色，還未達到之前的頭部就又反轉下跌**
⑥	**跌破頸線結束這波的上漲趨勢**

要注意，**從頸線到天花板價格之間的幅度，也被認為是標準下跌幅度**。但是，畢竟只是個標準，因此就算已經跌到標準下跌幅度的價格，還是要避免買進才是。

■在實際線圖中的頭肩頂

讓我們來看看在實際線圖中的頭肩頂長什麼樣子吧！

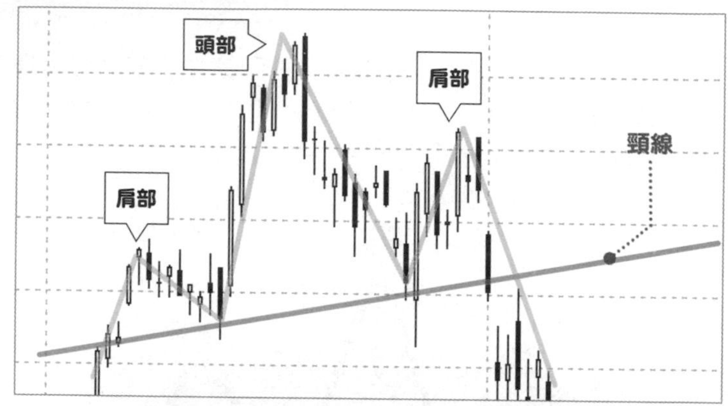

原來如此。滿淺顯易懂的呢。

不只是限定於頭肩頂，幾乎所有的線圖類型都可以這麼說，許多人常常是在線圖類型成形一段時間之後才驚覺：

「之前的原來是頭肩頂啊！」

為了能夠早點發現其線圖類型，大量觀察線圖來學習是必要的。

POINT

頭肩頂是常常在天花板（高價區）附近看到的圖形。

即使盤勢是處在上漲趨勢中，發現頭肩頂時還是要特別小心。

此外，為了能夠提早察覺各種線圖類型，大量觀察線圖來練習學習是十分有效的。

打底之後是否就開始反彈上漲!? 頭肩底

■跟頭肩頂正好顛倒的圖形

緊接著在天花板附近常看到的頭肩頂之後，接下來我們要介紹**在地板（低價區）常看到**的頭肩底（Head and Shoulders Bottom）。

在地板常見的，是跟在天花板常見的**頭肩頂剛好上下顛倒的圖形**。趕快來看看它長什麼樣子吧！

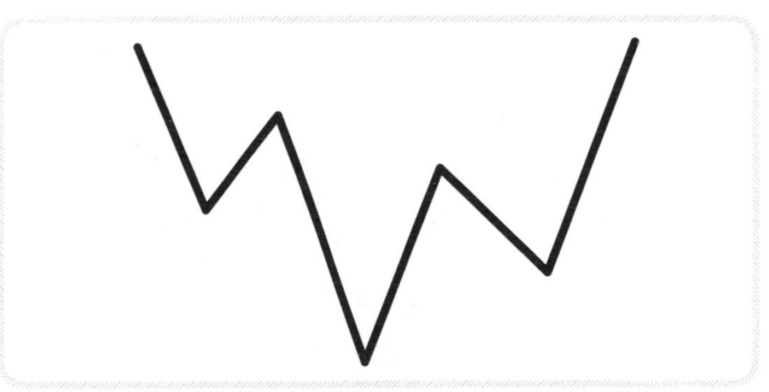

真的耶！是跟剛才顛倒的圖形。

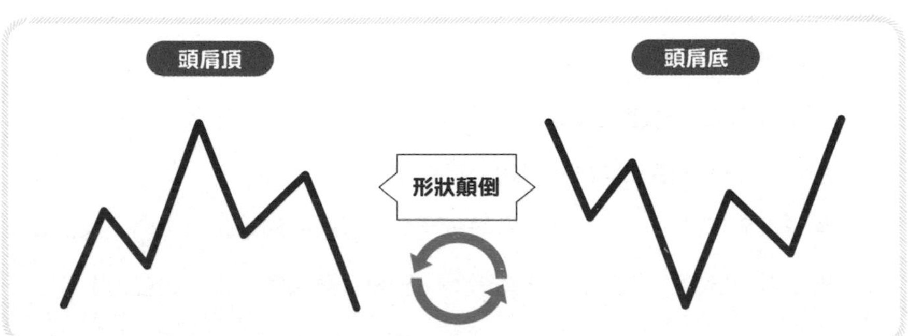

可以把他們當成一組來記呢！

這個圖形也是在穿破頸線的地方產生買賣訊號嗎？

直覺真敏銳！就是如此！

■頭肩底的頸線

頭肩底的股價往上漲破頸線時，就是買進的訊號。上漲的標準幅度則是從頸線到底部最低價的幅度。

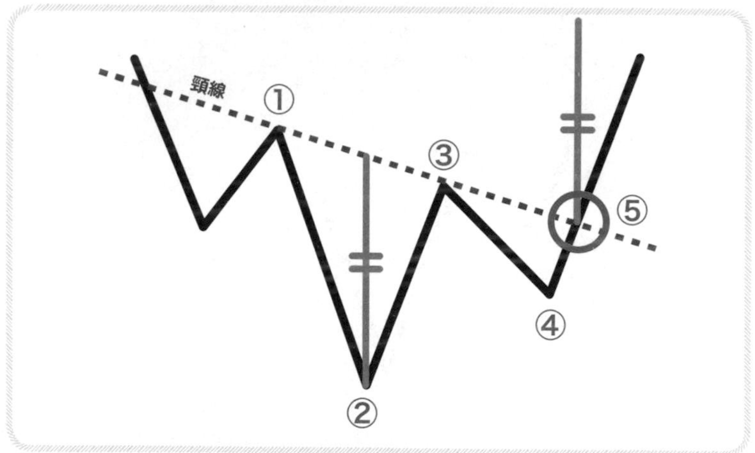

我們來看看每個階段的狀態。

①	下跌趨勢中形成第一個山谷，然後反彈小漲
②	反彈小漲之後賣盤又增加，股價創新低
③	股價創新低之後，成交量增加又反彈小漲
④	股價再度下跌，但在跌破②的最低價之前下跌的趨勢轉弱，朝上漲反轉
⑤	往上漲破頸線，宣告結束下跌趨勢，出現買進訊號（紅圈的位置）

■在實際線圖中的頭肩底

讓我們來看看在實際線圖中的頭肩底長什麼樣子。紅色圈起來的部分是買進的機會點，可以看出來在那之後股價就持續上漲。

真的耶，一直持續上漲呢！

沒錯。有關上漲幅度的部分充其量也只是個標準罷了。在紅色圈圈的地方買進股票之後，要在哪裡獲利了結則因人而異，每個人有不同的想法。
就像這樣，因為賣的點不同，獲得的利益也大不相同，所以賣股戰略非常的重要！有關賣股戰略我們會在第6天的課程做詳細的解說！

POINT

頭肩底是在地板常常可以看到的線圖類型。基本上可以把它當成是將頭肩頂上下顛倒後的圖形來思考。

另外，為了要提高波段交易的獲利，在哪裡獲利了結是非常重要的，請務必要先將這件事記在腦中。

股價的地板和天花板常會出現的！雙重頂和雙重底

■有兩種形狀

雙重頂和雙重底跟頭肩型的時候一樣，有**在天花板（高價區）和地板（低價區）出現的兩種圖形**。

圖形如其名，形狀是長以下的樣子：

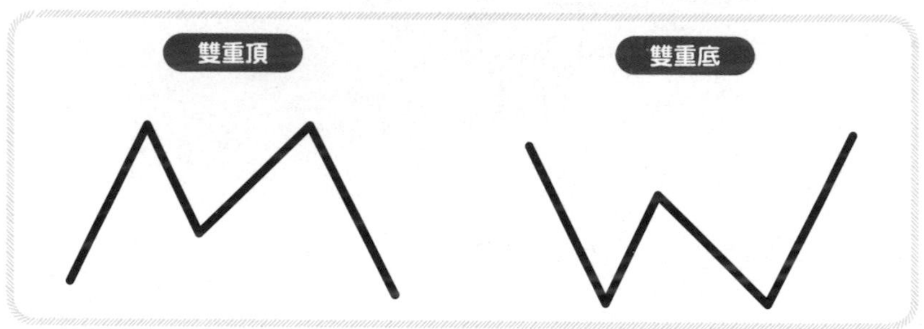

真的長得跟名稱一模一樣呢！

可不是嗎！在天花板或地板發現的話，就必須考量趨勢轉變的可能性。

為什麼要考量趨勢轉變的可能性呢？因為雙重頂的話，**新的高點沒辦法超過第一次的高點，因此可以認為是買進的力道不夠強**。而雙重底的話，**新的低點沒辦法跌破第一次的低點，因此可以認為是賣出的力道不夠強**。

像是這樣，一邊思考買進的力量和賣出的力量之間的關係，一邊觀察股價就可以了。

但是，以可靠性來說，頭肩頂和頭肩底比雙重頂和雙重底的可靠性來的高。

雖說可靠性比不上頭肩頂和頭肩底，但在**線圖中較常出現**的其實是雙重頂和雙重底。

■在實際線圖中的雙重底

我們來看看實際線圖中的雙重底吧！

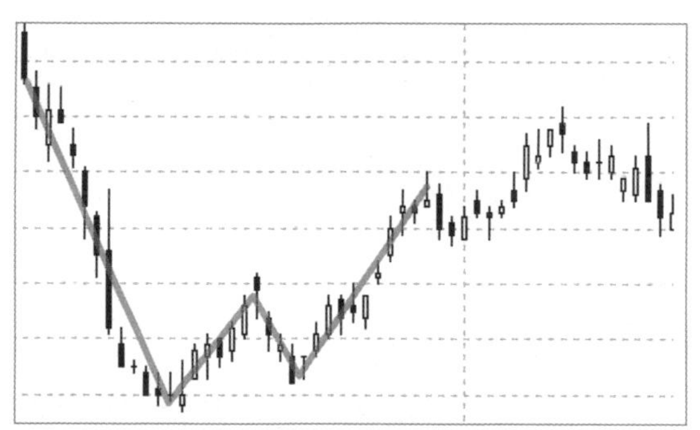

觀察線圖的話，就會發現並沒有形成一個漂亮的W形呢！

是啊。其實不只是這個線圖類型，在實際的線圖中，很少會出現長得跟教科書上一樣漂亮的線型。另外，有時在短短幾天內就能形成一個線圖類型，有時卻要花很長的時間才能形成。

POINT

雙重頂出現在天花板（高價區）的線圖類型，和雙重底出現在地板（低價區）的線圖類型，是在提醒我們行情要轉換了。雖然可靠性沒有頭肩頂和頭肩底來得高，但可以用於研究學習買進力量和賣出力量之間的關係。

不單只是雙重頂和雙重底，大部分的線圖類型很少會非常漂亮地出現在實際線圖中。

看到這個訊號就該準備買進！三角旗型

三角旗型的可信度高，是線圖中常常可以看見的圖形。還可以用來找出買進的時機，是利用價值很高的線圖類型。

三角旗型在實戰當中是特別有用的圖形喔！

這種的等很久了，非常令人期待！

■三角旗型的基本形狀

三角旗型的基本形狀如下圖所示。把高點和高點、低點和低點用線連起來後形成三角形，因此稱為三角旗型。

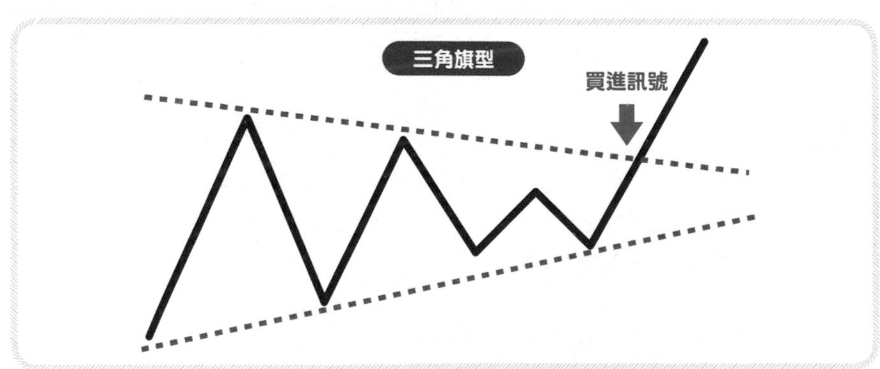

上圖中的黑線是股價的價格變動（K線），咖啡色的線是輔助線。當然，**輔助線是需要自己畫出來的**。

這裡的重點是，股價的上下震盪幅度會慢慢地放緩，慢慢地變小。

然後最重要的是，最後股價K線會穿破上輔助線或下輔助線的其中一條，**穿破上方的輔助線是買進訊號，跌破下方的輔助線是賣出訊號**。

此外，**往上穿破我們所畫的輔助線，或是向下穿破連接低價輔助線的動作，都稱之為「突破」**。

在這裡的輔助線，是不是跟趨勢線（請參照56頁）很類似？

是的。連接高點跟高點、低點跟低點的概念，跟趨勢線是相同的。
只是，**三角旗型是在股價沒有明顯趨勢時所常見的圖形**。往上突破的話，常常從突破點開始呈上漲趨勢；往下突破的話，則是開始呈下跌趨勢。

根據三角旗型的形狀，也可以分成幾種類型。讓我們一起來學習上升三角旗型和下降三角旗型吧！

■上升三角旗型

上升三角旗型的圖形如下圖所示。

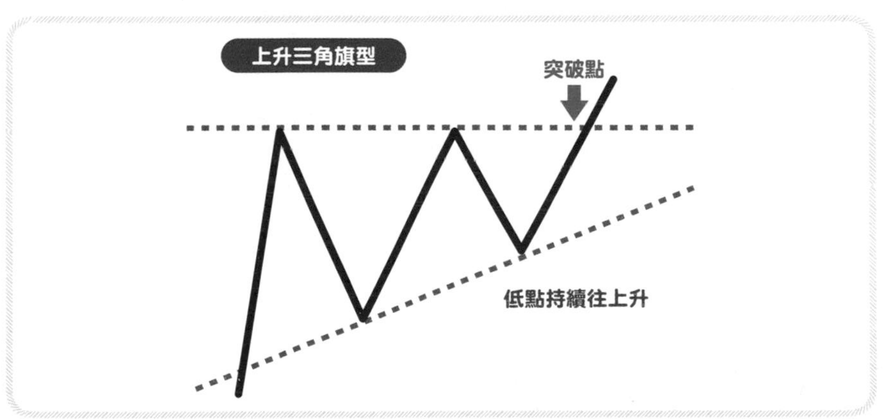

股價的震盪幅度會慢慢縮小這點沒有改變，**但高點幾乎呈現橫盤移動，低點則慢慢上升**是此線型的重點。發現這個圖形時，可以預備等待往上突破的時機。

在實際線圖中的上升三角旗型

讓我們來看看在實際線圖中的上升三角旗型吧！可以看出來在突破之後股價就進入了上漲趨勢。

看到上升三角旗型的話就是買進的好機會呢！馬上記下來！

■ 下降三角旗型

下降三角旗型的圖形如下圖所示。

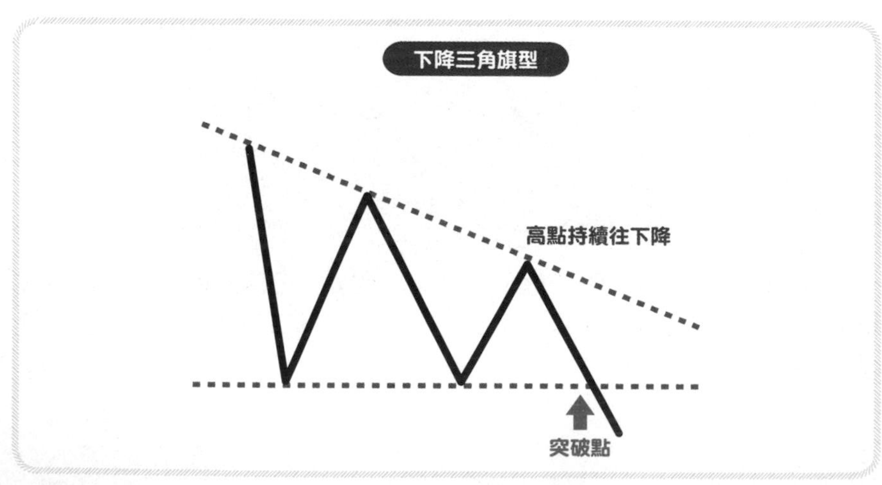

雖然這張圖的股價震盪幅度也在慢慢地縮小，但其重點是**高點慢慢往下走**。突破作為支撐線的輔助線之後，有可能就會進入下跌趨勢。

在實際線圖中的下降三角旗型

讓我們來看看在實際線圖中的下降三角旗型吧！可以看出來在突破之後股價就進入了下跌趨勢。

三角旗型是很有名的線圖類型，因為相對來說比較方便使用，所以推薦給大家。另外它出現的頻率也很高，常常能夠在線圖中找到它。

感覺真的很實用呢！

POINT

發現股價的震盪幅度慢慢地縮小，形成三角旗型的線圖類型時，其後可能會產生新的趨勢。

突破高點所連成的輔助線時，在其突破的時機點買進是基本戰略，這也是在線圖類型當中一定要向大家推薦的類型之一。

熟練地使用兩種戰略！「箱型」

箱型，是一種被認為跟三角旗型很像的線圖類型。但其特徵是股價只會在一定的範圍內變動。

■ 箱型的基本形狀

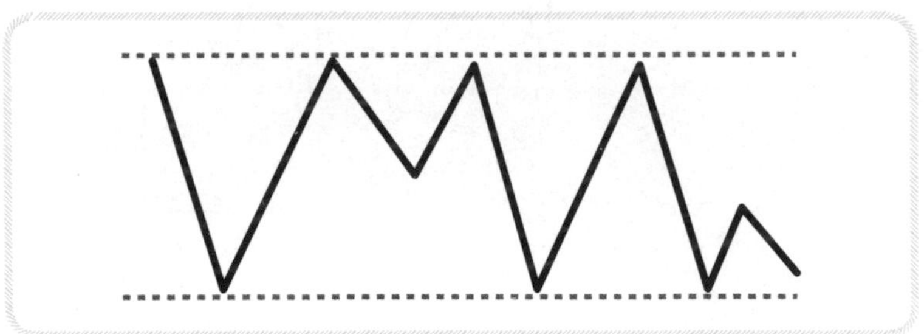

像是這樣，**股價在一定的價格範圍內變動**，就是典型的箱型圖形。箱型的使用方法大致上分為兩種。讓我們分別來看看。

箱型的使用方法① 在突破點使用的方法

箱型的第一種用法就是，跟三角旗型時相同，在突破點使用。

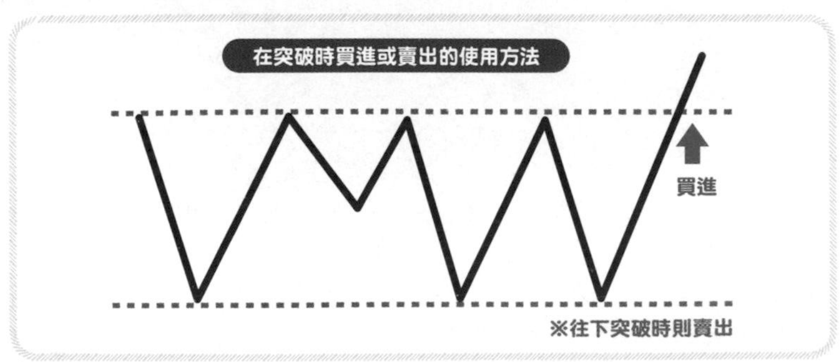

這種用法是藉由**股價突破箱型的上下輔助線的任何一方**，來掌握買進或賣出的交易時機。

股價在箱型中變動時，可以看做是處在**往上或往下都動彈不得，呈現膠著的一種狀態**。一般認為，這種膠著的狀態持續愈久，之後愈容易產生較大的趨勢。

箱型的使用方法② 在上限值賣出、下限值買進的方法

接下來我們來看看，在箱型的上限值賣出、下限值買進的用法。

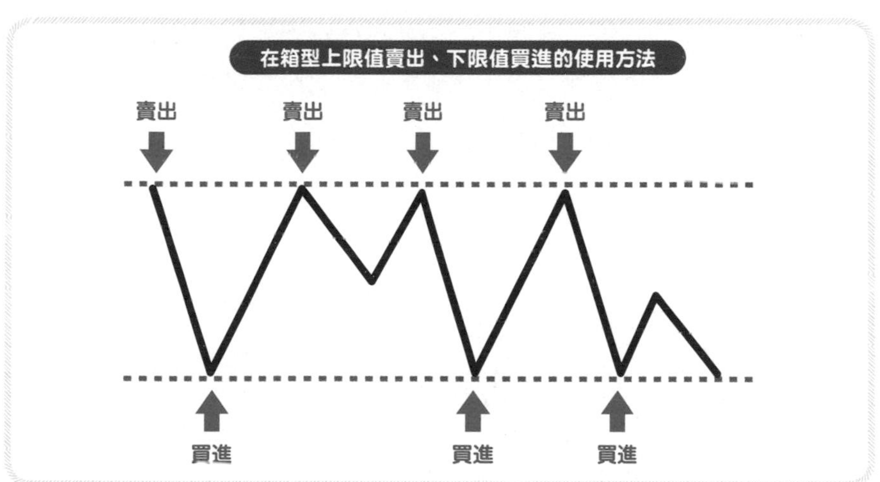

這個方法，單純就是**在箱型的下限值時買進股票，上限值時賣出股票**的一種戰略。股價只要一直處在箱型中的話，就可以用同樣的方法重複獲利。

像這樣的股價上限和下限的輔助線，又被稱為**底線**和**頂線**（關於頂線、底線這個用語我們會在110頁做詳細的說明）。

■基本上會在突破的時機點使用

要用這兩種方法的哪一種比較好呢？

基本上推薦大家使用**突破的時機點**。

在箱型的線圖類型，基本上推薦大家使用突破的時機點。因為線型不可能永遠一直持續在箱型狀態。

另外，在發現形成箱型的時候，**箱型的使用方法②** **的買賣時機其實已經結束好幾輪了**，發現箱型後，與其鎖定不知道會持續幾次的買賣時機所帶來的利潤，還不如採取在新的趨勢產生時，試著搭上此趨勢的戰略。這種戰略對於初學者來說更直觀，且更容易操作。

■ 實際線圖中的箱型

讓我們來看看在實際線圖中的箱型長什麼樣子吧！看下圖的例子可以知道，股價在突破頂線之後，呈現大幅度上漲的狀態。

在發現箱型的線圖類型時，先做好買進股票的準備，
鎖定往上突破的瞬間馬上買進即可。

傳說中的投資專家也喜愛的線圖類型！「杯柄型」

接下來的是被稱為杯柄型的線圖類型。事先告訴大家，這個線圖類型**非常值得推薦**。

■ 杯柄型的基本形狀

杯柄型這種線圖類型，大家常常會說明它是「**在地板找到後，之後會朝上漲趨勢發展的線型**」，但其實它的用法並沒有那麼侷限。

在股價創新高時，或者是在上漲趨勢中發現這個線圖類型的蹤影，或許就可以期待更大一波的上漲趨勢。我們先來確認它的形狀為何。

讓我們照著編號順序來看圖中的每個階段。

①	**在下跌趨勢的尾聲，打底之後股價緩步轉向上漲趨勢，一度隨著成交量的增加而呈現上漲走向**
②	**本來認為會就這樣持續往上漲，但一度往下拉回**
③	**股價拉回之後，沒有持續往下跌，反而成為咖啡杯的杯柄位置。接下來持續一小段漲跌拉鋸的期間**
④	**最後往上漲，突破②的高點（圖中紅圈的部分）**

呈現這樣動態的線圖，就是典型的杯柄型線圖類型。

順帶一提，由於其圖形就像是個咖啡杯一樣，因此才稱之為杯柄型。最初從下跌到上漲的形狀就像是杯身的部分，然後下跌之後反彈，突破輔助線的圖形則是把手的部分。

名稱很有意思呢，感覺很快就能記住！

對啊。連世界知名的投資專家之中也有人特別喜歡使用杯柄型，是個非常有名的圖形喔。

■杯柄型的使用方法

杯柄型的使用方法一般是在**形成杯柄之後，向上漲破前波高點的時機買進**（95頁線圖中的紅圈部分）。也就是「突破」的概念。

基本上是在股價下跌之後的地板，當作轉向上漲趨勢的線圖類型來使用。

地板以外的情況

杯柄型在地板之外也能發現它的蹤跡。

因為其買進的時機很清楚明瞭，請各位把形狀記下來在實戰中好好使用。

除了地板之外，在什麼時候還能見到杯柄型呢？

例如在股價創新高時，也會經常看見它。

所謂股價創新高，就是在一定的期間內刷新了股價的最高價。換句話說就是**創了最高價的新紀錄**。另外，在創新高之後，股價常常會就這樣持續地往上漲。

在股價創新高，且感覺好像快形成杯柄型的線圖類型時，可以進一步做好買進股票的準備。

■股價創新高時杯柄型的形狀

接下來的線圖顯示的是創新高時杯柄型的形狀。如果能在突破一開始的高點的位置買進，就能夠獲利。

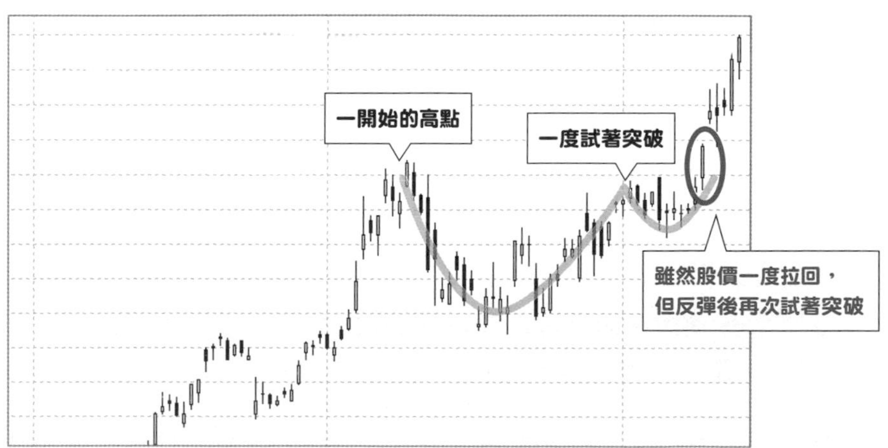

■成交量也要一起看

當發現杯柄型這樣的線圖類型時，也請一併確認成交量的變化。理想狀態的成交量變化如以下所示。

①成交量慢慢上升，迎接第一次的高點
②在第一次高點出現時，成交量也形成一次天花板
③在股價向下拉回調整時成交量也跟著減少
④再度突破高點的時機伴隨著高額的成交量

雖然到底只是理想的型態，但確認成交量的變化就能夠進一步提升精準度。

不僅是在杯柄型出現時，在利用突破點作為買進時機的判斷標準時，看看是不是伴隨著成交量的上升便能增加預測的精準度，請各位務必要試試看喔！

是的，我們知道了！

POINT

杯柄型在實戰當中非常常見，而且可以說是利用價值很高的線圖類型。一般的使用方法是在地板時當成市場趨勢要反轉的訊號，不過在股價創新高時等情況也能看到。

另外，在利用突破的時機點買進股票時，也要一併注意成交量的變化，如此一來就能夠提高操作的精準度。

Column 傳說中的投資專家們也愛用的線圖類型

杯柄型是美國屈指可數的傳奇投資專家威廉・歐奈爾所愛用的線圖類型，因而享有名氣。

在股票投資業界持續40年成功經歷的歐奈爾，也發行過銷售超過100萬本的暢銷著作，其著作中也介紹了關於杯柄型的內容。

學習在線圖上突然出現的「缺口」

觀察線圖的時候，有時候會看到K線跟K線中間有一大片空白的狀況。
這叫做股價的「缺口」，如果是日線圖，因為個股的新聞等造成前一天的收盤價和隔天的開盤價有很大的差距時就可以看到。

缺口出現時就像這樣。

喔！這就是缺口啊。我在哪裡看過耶。

我也看過。

有時出現的是大的缺口，有時則是小的缺口。
下跌時所產生的缺口也有，但也有像是前頁的線圖那般在上漲時所產生的缺口。這次讓我們特別針對**上漲時的缺口**來一起思考吧！

■上漲時可見到的缺口

在日線圖當中，當隔天的開盤價遠高於前一天的收盤價時所產生的「缺口」，就是我們這次學習的對象。當發現空出很大一段缺口並逐漸上漲的K線時，要想到的是被稱為**「缺口回補」的法則**。

這個法則指的是，**就算股價很強勢地空出缺口往上漲，最後股價還是會產生像是要填補那個缺口一般的現象**。比方說，讓我們看看下方的線圖。

可以看到，雖然股價很強勢地空出缺口往上漲，但最後股價又進入調整，產生了**回補缺口的現象**。

接著，缺口被填補之後股價又再度持續地往上漲，這就是缺口回補法則的概要。也就是說：

- **當發現產生缺口之後往上漲的話，在缺口回補法則結束的時機買進股票就好**

要像這樣來思考。

這個好簡單明瞭！我一定要試試看！

不過，也常常發生缺口沒有回補，股價就直接那樣往上漲的情況喔。

缺口沒有回補，股價就直接那樣往上漲時

有時也會發生缺口沒有回補，股價就直接那樣往上漲的情況。

這種情況發生時，由於可以感受到強勁的買進力道，因此**一發現缺口沒被回補時就買進**的戰略也十分有效。

股價產生跳空缺口上漲時，可以感覺到強大的買進力道。發現缺口時，只要思考會是根據缺口回補的法則而上漲，還是可能會在沒有回補的情況下直接持續往上漲就可以了。

可以想成一定會往上漲的方向去嗎？

不是的。股票市場裡沒有什麼是一定的。要考量到不管是在任何時候都可能會產生相反動向，採取因應措施進行投資才是。

也就是「停損」對吧！

POINT

當發現產生跳空缺口上漲的K線時，我們能夠感覺到很強的買進力道。

這時我們可以根據缺口回補的法則思考買進的時機點，也可以考慮就那樣搭上上漲的趨勢。

當然，在缺口回補之後，也有可能變成直接往下跌，當那樣的狀況發生時就用停損來應對吧。

Column 線圖檔案夾、交易日誌是必需品

強烈建議各位將線圖列印出來歸檔，做成屬於自己的線圖檔案夾。因為在之後複習時，或是正在學習時，列印出來用紙面閱讀會更有效率。

例如，認為「這個線圖類型所顯示的是買進的時機」時，就將這個線圖列印出來吧。
之後不僅能調查股價是否按照當時的想法走，如果是可利用性很高的時機點，當之後看到類似的圖形時也比較容易察覺「啊，跟我列印出來的那個線圖是同樣的形狀呢」。
在印出來的線圖上也能直接畫出趨勢線，或是把發現的事情寫下來。製作線圖檔案夾也是一種能將經驗變成實戰中可用技巧的有效方法。

另外，製作線圖檔案夾的同時，希望各位可以做一本交易日誌。當然在實際開始進行交易的階段是必須使用的，但我推薦各位在學習階段就開始使用交易日誌。
有什麼新的發現，就請盡情地寫進交易日誌中吧！

- **日期**
- **當時的市場行情**
- **買進的股價**
- **賣出的股價**
- **當時的心理狀態**
- **為何當時認為應該買進**
- **為何當時認為應該賣出**

等諸如此類的內容。像這樣做成的交易日誌會成為您專屬的聖經，這比市售的任何一本書籍更有高度的利用價值。
做波段交易時，只要將每次交易的心得和反省當作經驗，發揮在下一次的交易中，就能夠慢慢讓技巧更上一層樓。

另外，因為交易的次數很多，所以每一點一滴的改善都能讓成果產生很大的差異。為了要能夠將心得和反省當作經驗，在之後發揮作用，徹底活用線圖檔案夾和交易日誌是非常重要的。

第3天

從指標可以看出買賣的「時機」！

在第1天所學的「移動平均線」是技術指標的一種。在本章會進一步介紹其他的技術指標。

技術指標的種類很多，而且每一個指標也都有其深奧的意涵，因此沒有必要完美學會全部的指標。讓我們將目標設定在能熟練使用幾個基本的指標上吧！很意外的，股票操盤專家所使用的技術指標有很多也只是基本的指標而已。

學習技術指標

要介紹下一個技術指標了。兩位已經把我們所學的第一個技術指標記起來了嗎？

是的！是「移動平均線」吧！

答對了。**移動平均線是技術指標當中最有名的**，但其實還有其他各式各樣的技術指標。

■指標會告訴我們買賣的時機

在第2天學習的線圖類型是告訴我們「預測未來」的東西，但技術指標是當我們在煩惱「何時該買進？」的時機時，告訴我們分辨訊號的東西。

讓我們來學習基本的技術指標，一步步訓練自己抓出買進和賣出的時機吧！

在本書將學習的指標

首先，我們會從「一目均衡表」和「MACD」開始學習，這兩個指標跟在第1天的學習中登場的「移動平均線」同樣是「**趨勢型技術指標**」。如同前述，一併使用趨勢型技術指標，會比單獨使用K線圖追逐趨勢更能期待有較高的正確性。

再來我們會學習被稱為「**震盪型指標**」的技術指標。這是用來判別買過頭（超買）或賣過頭（超賣）的指標，具體來說，我們要學習的是「RSI」和「移動平均乖離率」這兩個指標。另外，最後我們也會一併解說成交量型的技術指標。

用三種關係來判讀「現在」！「一目均衡表」

讓我們從日本發明的趨勢型技術指標「**一目均衡表**」開始看起吧！另外，本書所揭載的使用方法屬於個人見解，會有許多與一目均衡表的正式使用方法不同的部分。

■ 在實際線圖上顯示出一目均衡表

讓我們來看看在線圖上所顯示的一目均衡表吧！

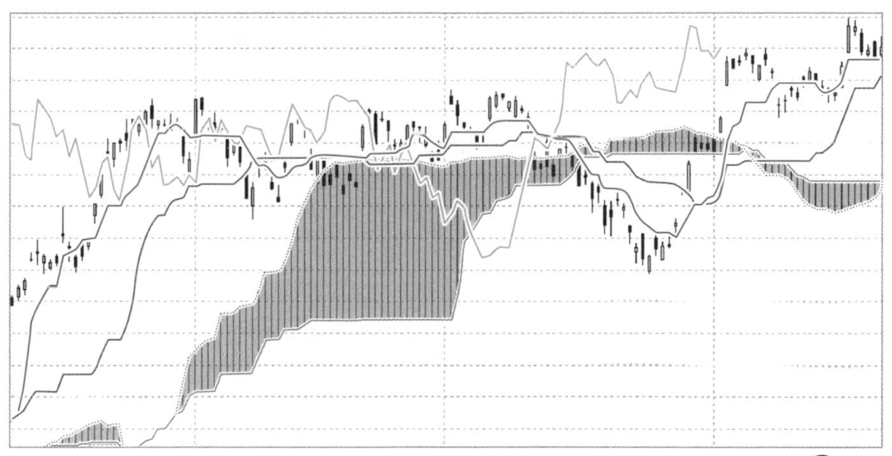

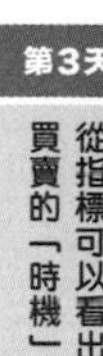

這……這是什麼啊？

線型亂成一團，感覺很困難呢……

最初的確可能會這麼覺得。
但是，懂得其意義之後會發現它其實是非常容易使用的指標。**一目均衡表大致上會觀察三種關連性**，以抓出趨勢走向或買進的時機。

■大致上分成五條線

一目均衡表大致上可以分成五條線。讓我們一個個來看每條線和它們的指數是如何計算出來的。

基準線	將最近26天（含當天）的最高值和最低值取平均值後所連接起來的線
轉換線	將最近9天（含當天）的最高值和最低值取平均值後所連接起來的線
先行帶①	把基準線和轉換線的平均值往後推26天所連成的折線
先行帶②	將最近52天（含當天）的最高值和最低值取平均值後，往後推26天所連成的折線
遲行帶	單純將現在的股價往前推26天所連成的折線

在還是初學者時，不需要記住這些指標是怎麼被計算出來的，但要了解每條線是什麼線。

此外，**在先行帶①和先行帶②之間用斜線表示的部分被稱為「雲帶」**。接下來讓我們來學習它們各自的使用方法吧。

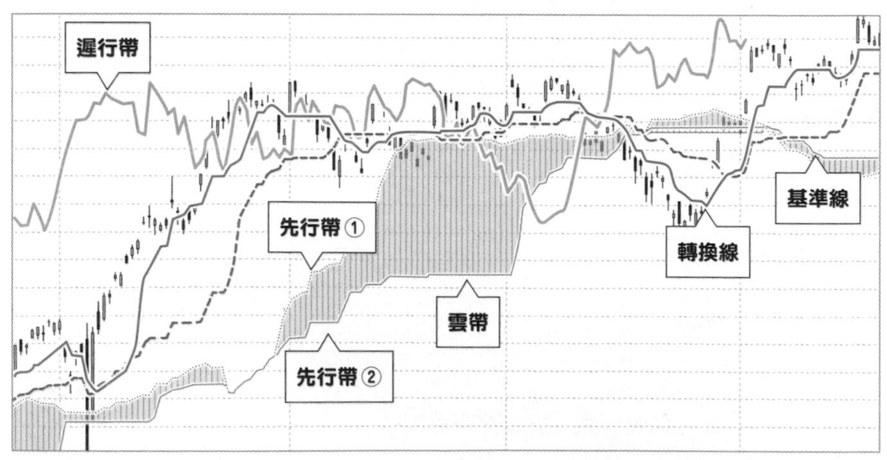

一目均衡表的使用方法① 觀察基準線和轉換線之間的關係

跟移動平均線相同，一目均衡表也是**透過兩條線之間的關係來抓出趨勢和買賣的時機點**。

其使用方法是，**轉換線往上突破基準線的話買進（好轉），往下突破基準線的話則賣出（逆轉）**。有時在一目均衡表中黃金交叉也被稱為「好轉」，死亡交叉被稱為「逆轉」，但其實用哪種叫法都無所謂。讓我們來看看實際的線圖。

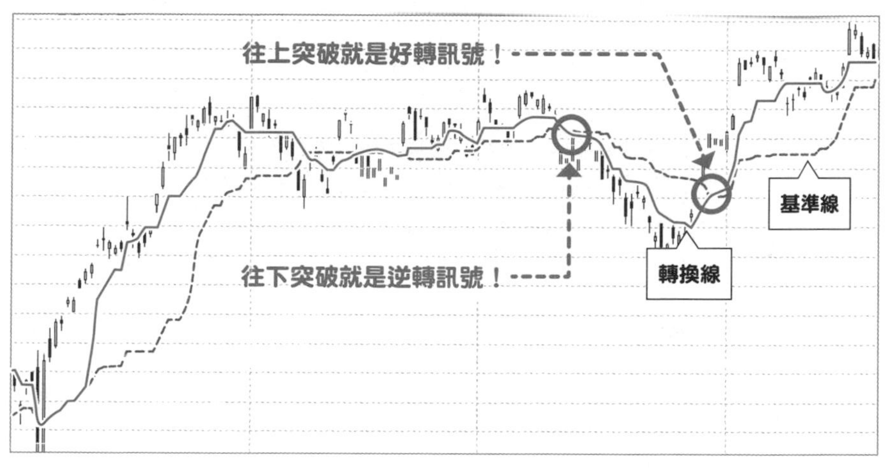

此圖是將一目均衡表中，除了基準線和轉換線以外的線都去掉不顯示的線圖。

觀察線圖就會發現，雖然也會有陷阱，但可以看出來**股價持續往上漲時，轉換線會在基準線的上方移動**。

其他也有像是「轉換線在基準線上方的話就是上漲趨勢」這樣的使用方法。

基準線和轉換線的關係

基準線和轉換線的關係	投資判斷的參考
轉換線往上突破基準線	買進訊號
轉換線在基準線的上方	上漲趨勢
轉換線在基準線的下方	下跌趨勢
轉換線往下突破基準線	賣出訊號

嗯嗯。這個一目均衡表的使用方法，好像能用跟移動平均線同樣的感覺來運用呢。

的確是呢。接下來我們也同樣來看看遲行帶跟26天前股價的關係。

一目均衡表的使用方法② 觀察遲行帶跟26天前股價的關係

來看看遲行帶跟26天前股價之間的關係吧。遲行帶是單純將當天的收盤價往前推26天所畫成的線。也就是說，可以用來比較當天的收盤價跟26天前的收盤價誰高誰低。遲行帶在股價上方的話，就能得到「今天的收盤價比26天前的收盤價高」這樣的比較結果。

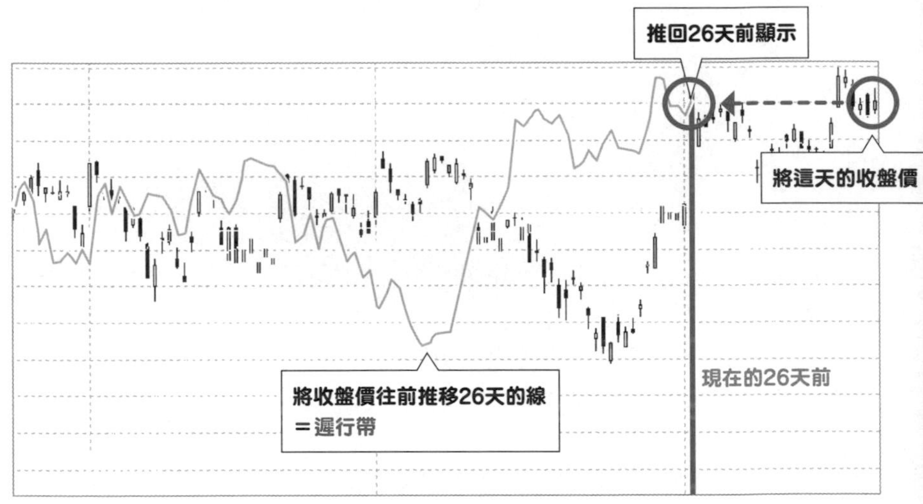

根據遲行帶跟26天前股價的關係，我們來看看其訊號是什麼。

一般的使用方法是，遲行帶比26天前的股價好轉的話就買進，遲行帶在股價上方就是上漲趨勢，反過來的話就是賣出訊號和下跌趨勢。

遲行帶和26天前股價的關係

遲行帶和26天前股價的關係	投資判斷的參考
遲行帶往上突破26天前股價	買進訊號
遲行帶在26天前股價的上方	上漲趨勢
遲行帶在26天前股價的下方	下跌趨勢
遲行帶往下突破26天前股價	賣出訊號

最初看起來亂七八糟的線，在了解其基本用法之後變得簡單了呢！

一目均衡表的使用方法③ 觀察現在的股價和雲帶之間的關係

讓我們來看看一目均衡表中的第三種關係——現在的股價和雲帶之間的關係吧。雲帶可以用來思考低價的目標價和高價的目標價。

雲帶是什麼？

雲帶指的是**兩條先行帶的線之間**所圍成的區域（請參照106頁）。在線圖中，經常會像這樣**用縱線或斜線來表示**。

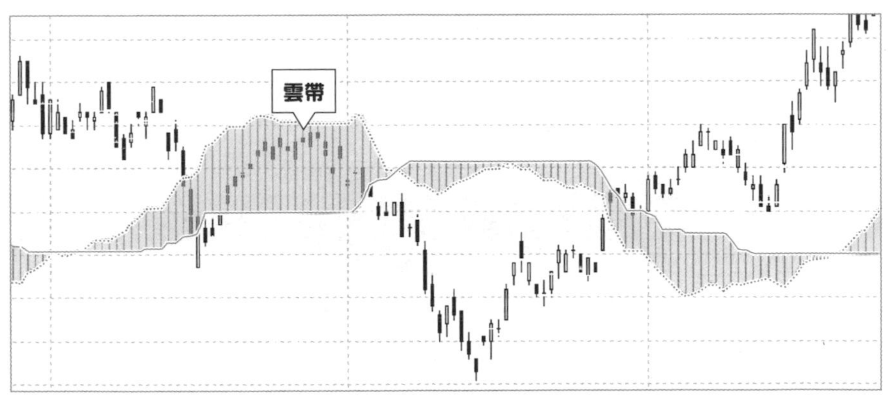

在這裡也有黃金交叉、死亡交叉嗎？

雖然也有那樣的用法，但雲帶經常用在**考慮低價的目標價和高價的目標價時**。

用於股價的目標價

股價在下跌時，「感覺股價好像會在這附近停止下跌」的線就叫做**低價的目標價（底線）**。反過來，在上漲時則當作**高價的目標價（頂線）**來使用。只要想成是**下跌或上漲停下來喘口氣的價格帶**就可以了。

例如，在您認為「買進的時機點來了！」時，把一目均衡表顯示在螢幕上，確認一下現在股價和雲帶之間的關係吧。

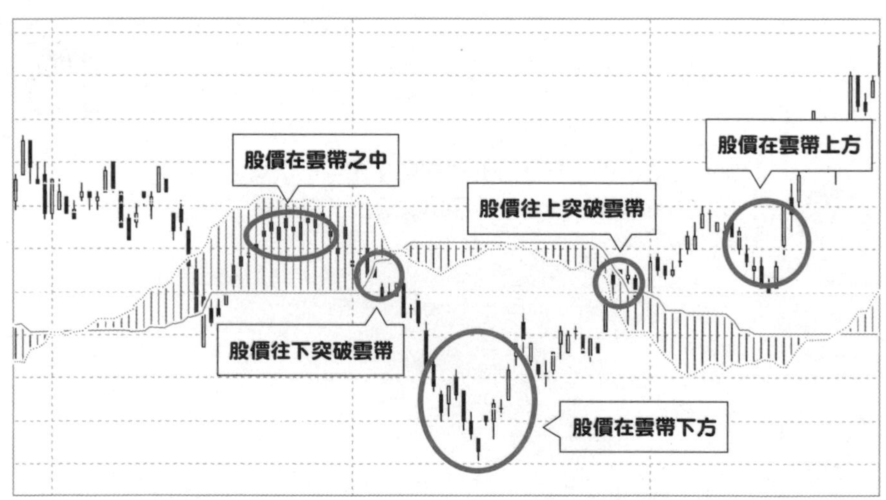

現在股價和先行帶的關係	投資判斷的參考
股價突破雲帶的上限	買進訊號
股價在雲帶上方	雲帶成為支撐線的上漲趨勢
股價在雲帶之中	中立
股價在雲帶下方	雲帶成為壓力線的下跌趨勢
股價突破雲帶的下限	賣出訊號

◎股價的正上方緊鄰著雲帶的情形

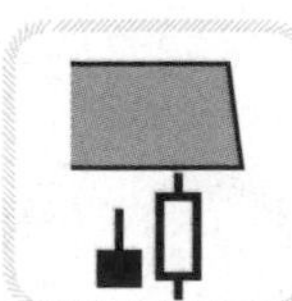

現在股價的正上方就有雲帶的情況，可以想成是**高價的目標價正往下壓迫過來**。

高價目標價在這麼靠近的地方壓迫過來的時機點，此時就算買進股票，如果上漲趨勢在高價目標價停住的話就無法獲利。

顯示一目均衡表時，如果發現雲帶緊鄰在現在股價的正上方時，判斷**不要買進股票比較好**才是上策。

◎股價的正下方緊鄰著雲帶的情形

現在股價的正下方緊鄰雲帶的情況，可以把**雲帶當成是低價的目標價**。

就算買進股票之後股價下跌，只要想到跌到低價目標價附近股價很容易會止跌的話，應該也比較能放心地買進股票。像是這樣，可以把一目均衡表中的雲帶當成是高價的目標價和低價的目標價來使用。

我們已經把一目均衡表的三種用法都看過了一遍。三種關係之中**最應該重視的是基準線和轉換線之間的關係**。在橫盤整理時陷阱會變多所以請多小心注意。

■一目均衡表的其他使用方法

另外，要記住**當雲帶變薄時漲跌趨勢很容易會轉換**。

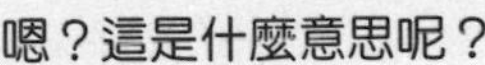

請看下一個線圖。在此線圖中可以看到，**雲帶變窄的地方股價一口氣往上突破**，形成**漲跌互換**的現象。

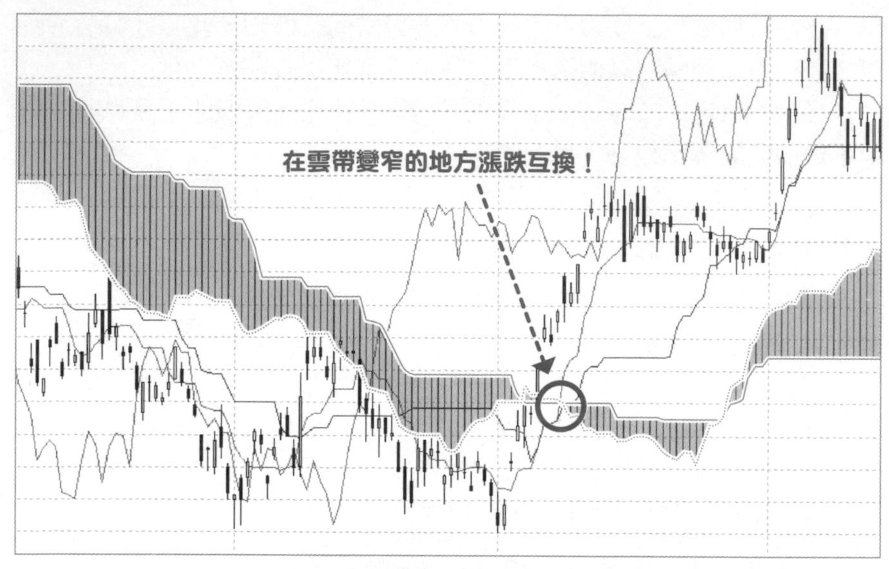

真的耶！比起雲帶厚的地方，是不是**在雲帶薄的地方比較容易產生漲跌互換**呢？

是的，只要那樣想就可以了。

雲帶很厚的訊號

現在的股價在雲帶的下方且雲帶很厚時，可以當作是**有很多人等著要賣出**。

反之，現在的股價下方有很厚的雲帶時，可以當作是**有很多投資人等著要買進**。

POINT

在本書所講解的一目均衡表的使用方法**屬於個人見解，有許多與一目均衡表的正式使用方法不同的部分**。推薦大家在學習一目均衡表時可以到日本「經濟變動總研」的官方網站去購買原著作。（此為日文原書之官方網站）

經濟變動總研

➡ http://www.ichimokukinkouhyou.jp/

陷阱少的優等生！「MACD（指數平滑異同移動平均線）」

MACD的陷阱少，而且使用方法也很簡單，所以是我**一定會推薦給初學者的技術指標**。學會其用法之後，請實際用線圖工具軟體將它顯示出來，確認看看現在的趨勢為何吧！

■將MACD顯示於線圖上

那麼就讓我們來看看MACD的樣子。MACD一般是在K線圖的下方，以兩條線的方式被標示出來。

其中的一條線叫做**MACD**，另一條線叫做**訊號線**。訊號線是指MACD的平均線，基本上是將MACD9天的平均線作為訊號線。

嗯～嗯。這也是套用黃金交叉和死亡交叉的概念對吧？

就是如此。不過，只要注意黃金交叉和死亡交叉是發生在什麼位置的話，就能更進一步提升勝率喔。

觀察MACD和0軸的位置關係

叫出MACD時還會有一條直線被顯示出來，我們稱之為**0軸**。可以把它當作是**正負0的參考線**。

在這個**0軸以下的位置MACD和訊號線呈現黃金交叉時**，可以考慮將其當作**買進的時機**。

在產生黃金交叉後，兩條線**進一步往上突破0軸的話，可以認為上漲趨勢還會持續一陣子**。

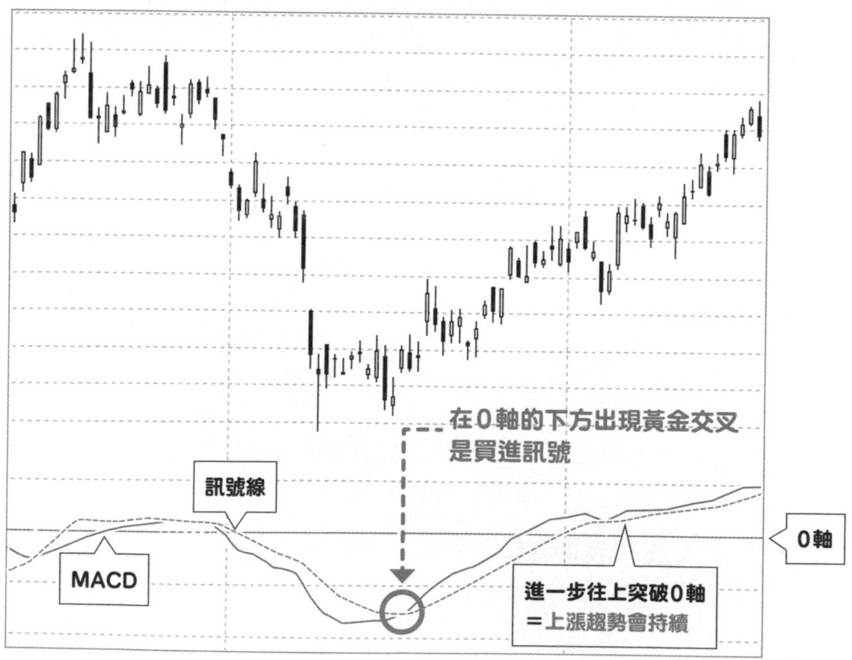

其他從MACD和0軸、訊號線之間的關係所能做出的判斷如下表所示。

MACD的狀況	判斷的參考
（MACD在0軸下方） MACD往上突破訊號線時	轉為上漲趨勢
MACD往上突破0軸時	較強的上漲趨勢持續中
MACD>訊號線	上漲趨勢持續中
（MACD在0軸上方） MACD往上突破訊號線時	一度上漲後，再次上漲的轉向訊號（要注意陷阱）
（MACD在0軸下方） MACD往下突破訊號線時	一度下跌後，再次下跌的轉向訊號（要注意陷阱）
MACD<訊號線	下跌趨勢持續中
MACD往下突破0軸時	較強的下跌趨勢持續中
（MACD在0軸上方） MACD往下突破訊號線時	轉為下跌趨勢

要把上表的內容全部背下來可能有點困難，但把重點整理一下的話就是：

- **在較低的位置產生黃金交叉的話買進**
- **在較高的位置產生死亡交叉的話賣出**

這樣的判斷方法。讓我們先把這兩個重點記下來吧。

另外，MACD雖然被稱為是陷阱較少的技術指標，但當整體行情呈現膠著的狀態時，會容易產生黃金交叉和死亡交叉頻繁出現這樣的陷阱，而且要注意買賣的訊號有時也容易延遲出現。

POINT

MACD是陷阱較少且方便使用的技術指標。基本上是抓住在較低的位置產生黃金交叉的時機，以這種方式來操作。

但是，也不盡然完全沒有陷阱。可以配合使用其他的技術指標，或是連同成交量一起考慮等，小心地使用。

「震盪型」的技術指標指的是什麼？

從這裡開始我們要學習被稱為「震盪型」的技術指標。到底「震盪型技術指標」是什麼樣的技術指標夥伴呢？

■能夠了解超買和超賣的技術指標

在本書中我們已經再三地提醒，還在初學者的階段時，最重要的是要搭上趨勢順勢操作以獲得利潤。但也有在順著上漲趨勢買進股票時所該注意的事情。那就是「股價是否已經上漲到被認為是超買的價位了」這件事。

想用已經比超買的價位更貴的股價買進股票的人一定不多。也就是說，可以知道**就算是處在上漲趨勢中，如果股價漲到超買價位之上的話，股價也很難再往上漲**。

因此，此時可以**用來判斷是否已經超買或超賣的指標**就是「震盪型技術指標」。

- **在上漲趨勢中想要買進股票時，用來判斷股價是否已經超買**
- **在股價超賣的價位考慮是否該買進股票時**

震盪型技術指標在以上這兩種情況經常被使用。就算是處在很強勢的上漲趨勢當中，也該在震盪型技術指標顯示出「超買」時避免買進，才是聰明的判斷。

■要掌握是否還有上漲的空間時使用

你們知道為什麼股票能夠被買進，又能夠被賣出的原理嗎？

因為有要賣出股票的人所以才能買進，有想買進的人所以才能賣出，不是這樣嗎？

就是如此。股票是因為有與自己採取相反交易行動的人存在，所以才能成立的。
正因為是這樣，我們必須去思考有沒有人願意用比我們買進的股價更高的價格買走手上的股票。

原來是這樣！我從來沒這樣想過。

沒有人想用比自己更高的價格來買走股票的話就無法賺錢

為了要能夠用股票賺錢，一定要有人願意用比我們的買價更高的價錢買入股票。

舉例來說，像是在波段交易中，基本是在數天到數週這樣的短期間內做交易，也就是說**股價必須要在這段期間內上漲**。

因此在買進股票前，我建議各位使用能夠判別「超買超賣」的震盪型技術指標來做確認。

如果您在震盪型技術指標顯示出「超買」的時機買進股票的話，就必須有人願意在超買價位以上的價位買進股票。

在試著搭上趨勢想要增加獲利時，要先確認震盪型技術指標的意義就是在這裡。

震盪型技術指標在搭上趨勢做交易時，對於判斷現在買進這支股票還能不能有上漲空間很有幫助。

■ 在超賣的價位買進時使用

除了用來避免在超買時買進之外，這個指標還有一個用法，就是在超賣的價位時買進股票。

原來如此，在超賣的價位買進的話，就能夠以比較便宜的價格買到股票呢。

是的。但是，在下跌的趨勢中買進股票的方法，被稱為「逆勢操作」，操作上有點難度。

也能在做「逆勢操作」時使用，但對初學者來說稍嫌困難

基本上在還是初學者時，我一直都是推薦各位使用搭上趨勢來獲利的方式，但其他也有被稱做「**逆勢操作**」的方法。

逆勢操作是在股票賣過頭的**「超賣」價位時買進，當「超賣」情形解除時再出清手上持股的戰略**。

在判斷這個「超賣」訊號時，也是使用震盪型技術指標。

不過，**透過「逆勢操作」獲取利潤的話，會變成要在下跌趨勢中買進股票**，不太建議初學者操作。因為買進股票之後股價仍然持續下跌的情形也很常見，**難易度相當高**。

在還是初學者時，先以順勢操作穩定地取得獲利為目標吧！

POINT

為了在波段交易時能夠獲利，在數天到數週以內，必須要有人願意用比我們買進的股價更高的價格買走我們手上的股票。正因為如此，我們要先用震盪型技術指標確認股價還有上漲的空間之後，再買進股票。

雖然也能利用震盪型技術指標來做「逆勢操作」，但「逆勢操作」得在超賣的價位買進股票，在超賣訊號消失的階段出清手上的持股以獲得利益，對初學者來說是難度較高的手法。

想知道「還會持續上漲嗎?」就用「RSI」指標!

那麼,讓我們分別來學習震盪型技術指標吧!首先從「RSI」開始。

震盪型技術指標是用來確認股票是否處在超買的價位對吧。

震盪型技術指標也有類似黃金交叉和死亡交叉的概念嗎?

沒有那樣的概念耶。很多的震盪型技術指標都是呈現一條折線的樣子,一般的用法是當折線低於某個標準線時表示超賣,高於時表示超買。

可以想像成類似像體溫計的東西。
正常體溫如果是35.5度~36.5度的話,38度的體溫就太高,35度卻又太低了對吧。
震盪型技術指標就是用來衡量股市是否超出正常體溫範圍的指標。

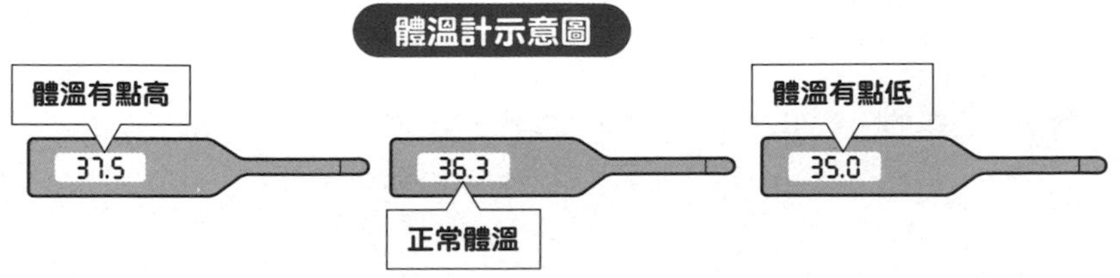

■在線圖上顯示RSI

RSI是震盪型技術指標中最具代表性的其中一個。

在線圖工具中顯示RSI的話，在K線圖的下方就會顯示出像下圖那樣的折線圖。

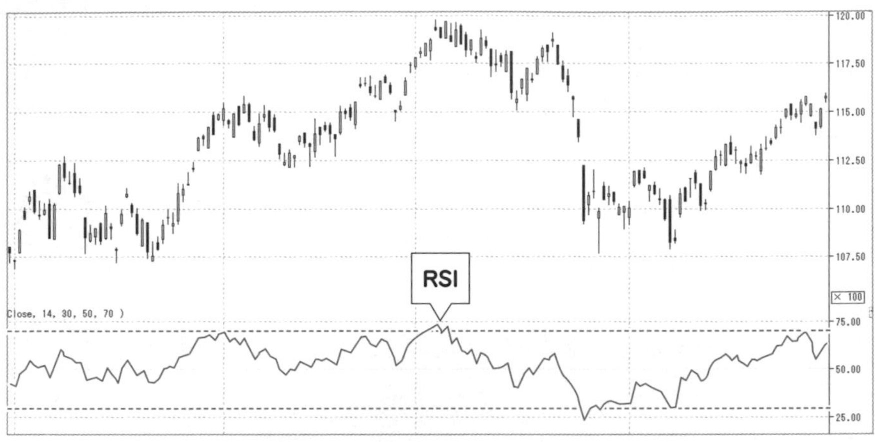

大致來說，可以看出來**當股價上漲時RSI的數值也會上升，股價下跌時RSI值就跟著下降**。

一般的判斷是，當RSI的數值超過70時是超買，低於30時是超賣。在這次的線圖中，上方的紅色虛線是值為70的線，下方的紅色虛線是30的線。

真的耶。看起來股價在70的線就停止上漲了。

用體溫計來舉例的話，可以想成大概40～60是正常體溫對吧？

是的。數值在70以上就是超買，另一方面，跌破30時則為超賣的價位，會有股價停止下跌的傾向。

■ 設法減少陷阱

附帶一提，有時當RSI值跌到30以下，覺得股價夠低了而判斷「應該在這個時機點買進」時，股價也有可能就那樣持續往下跌。

也就是遇到了「**陷阱**」。

為了減少遇到陷阱的可能，在跌破30後又再次站回30以上的時機點再買進的手法是很有效的。

用這樣的手法雖然會無法買在股價最低點，但因為是在下跌停止後才考慮買進，所以比較不容易遇到陷阱。

想試試看在超賣價位買進股票的策略的人，也可以當作用勝率較不好的方法嘗試看看。

RSI大致上的使用方法

RSI的值	判斷的參考
RSI<30	超賣
RSI30～40	有點多賣
RSI40～60	大致上持平
RSI60～70	有點多買
70<RSI	超買

RSI是震盪型指標中使用方便，也很常被投資人使用的一個指標。請務必使用看看。

POINT

一般來說RSI值超過70代表超買，低於30以下代表超賣。

RSI是在判斷股價還會不會繼續上漲時很方便的技術指標，請利用您所使用的線圖工具軟體確認看看。

另外，用「逆勢操作」的投資方法來獲利時，為了要減少遇到陷阱的機會，可以考慮在RSI的下跌停止，開始轉向上漲的時機點時才買進這樣的辦法。

配合不同個股使用增加勝率！「移動平均乖離率」

接下來，我們繼續來看用來判斷是否超買超賣的震盪型技術指標「移動平均乖離率（簡稱乖離率）」是什麼吧！

■觀察乖離率

「**乖離率**」是用來確認移動平均線跟股價偏離的程度的指標。

「現在的股價經常會偏離移動平均線很多，但經過一段時間後股價就會朝著移動平均線回歸」這樣的思考方式就是乖離率的基本概念。

乖離率跟RSI指標一樣，在線圖工具軟體上位於K線下方，以折線圖的方式呈現。讓我們實際顯示出乖離率來看看它的樣子。

乖離率是將**股價偏離移動平均線多少百分比（%）**用折線來表示的指標，常使用的是5日移動平均線和25日移動平均線的乖離率。當股價比移動平均線高5%時寫成「+5%」或是「105」，低5%時寫成「−5%」或是「95」。

乖離率跟日經平均指數很合

乖離率與日經平均指數很合，**但不同的個股，會在多少乖離率反彈也各不相同**，必須要特別注意。

譬如，某支個股是「與25日移動平均線產生10%乖離時常常會反彈」，另一支個股卻有可能是「與5日移動平均線產生8%乖離時常常會反彈」。

其實這樣的現象也不僅是在乖離率才發生，我們所用來做投資判斷的數值都應該根據不同的個股來做調整應對。

順道一提，在前頁的乖離率圖表中，上下的紅色虛線各自是+5%和−5%的乖離線，可以看出大致上接近這條線時就會產生反彈。

就好像即使在溫度計上顯示的溫度相同，但根據個人差異每個人所感受的冷暖不一樣，數值也是根據不同的個股來做調整比較好呢。

沒錯。不僅僅是乖離率，建議大家要確認一下**過去股價的變化和所使用的技術指標到底適不適合**。

■確認與個股的適合度來使用

不要將同樣的數值套用在每支個股上，而是要找出適合的數值，例如觀察過去的線圖，調查乖離率**大概都是在哪裡產生反彈**之後，就能進一步提高預測的精準度。

其他指標也是如此，就好比RSI指標，雖然我們說明過「一般的用法是指數超過70以上代表超買」，但根據個股的不同，有些個股就算在70以上股價也完全還有上漲的空間。

發現這個訊號就代表機會來了!?何謂「背離」?

接下來跟大家介紹在使用MACD和RSI等震盪型技術指標時，應該預先知道的便利技巧。

■ 在背離時機會就來了！

股價在上漲但指標卻下跌，或者是股價在下跌指標竟然上漲，這種**股價和技術指標產生相反動向的狀況被稱為「背離(Divergence)」**。請各位先看下方的線圖。

預知趨勢的反轉

從下圖可以發現，雖然股價在下跌，但MACD 卻呈現上升的傾向。在那之後，股價也大幅度地往上漲。

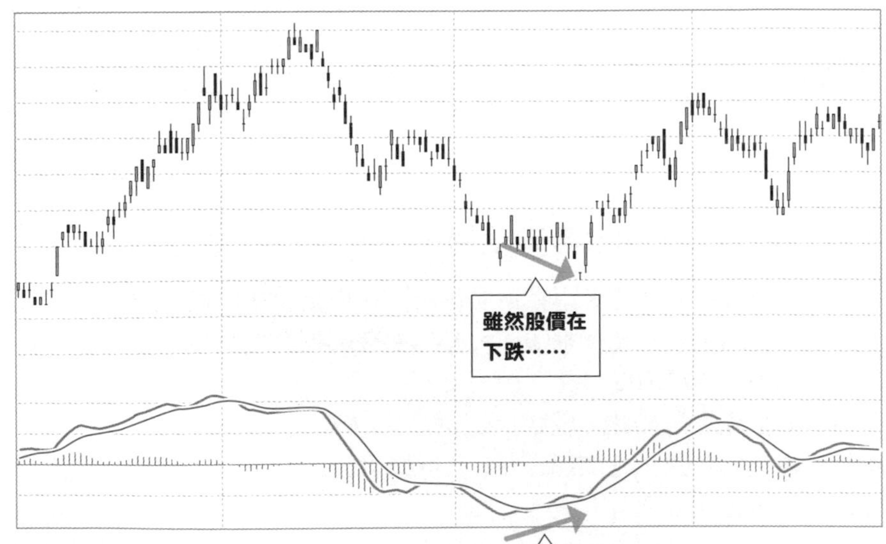

像這種**背離，常常是趨勢馬上要開始反轉時會發生的現象**，因此被當成可以預知趨勢反轉的現象而廣為人知。當然，並不是說趨勢就百分之百一定會反轉，但也能像下圖一樣用來事先掌握上漲趨勢將要結束的訊號。

事先掌握上漲趨勢的終點

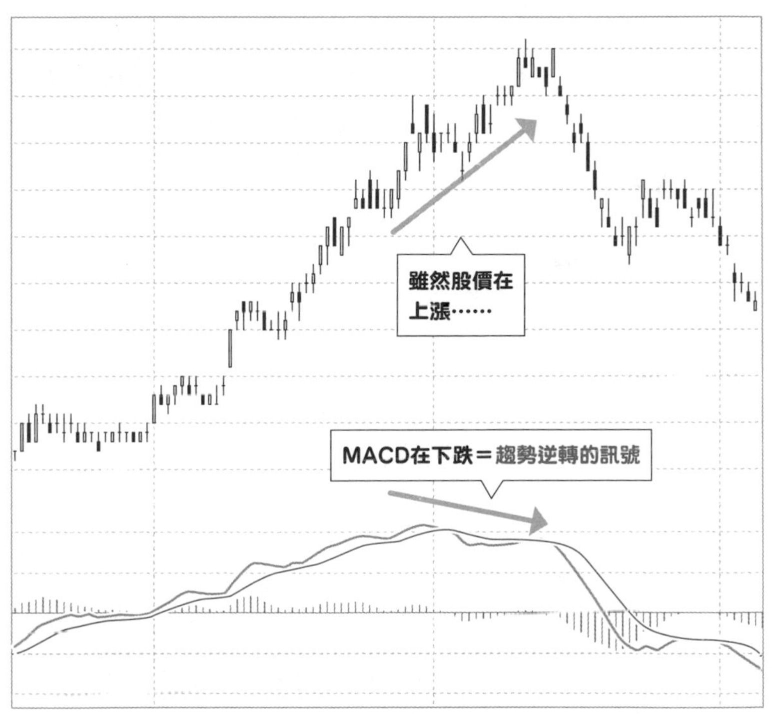

可以看出來在此圖中，**股價雖然在往上漲，MACD卻往下跌**。在那之後，股價也跟著往下跌。

知道這個訊號之後，假如**在高價區發現這個情形時**，應該就能考慮**將手上的持股賣出這樣的選項**。

這種「背離」的現象不限於在MACD發生，在其他像是RSI等的震盪型技術指標也會出現。股價呈現下跌傾向，指標卻持續往上升，發現這樣的背離狀況時說不定是絕佳的機會點。

確認成交量是必須的！一起來學習「均量線」

■ 成交量型技術指標

成交量通常是在K線圖下方以柱狀圖來表示，因此想要了解是否出現增加傾向時，相對容易掌握。到目前為止我們介紹了：

- **趨勢型技術指標**
- **震盪型技術指標**

不過除此之外，還有被稱為：

- **成交量型技術指標**

也有這種以成交量的動向來掌握今後股價動向的技術指標存在。應該這麼想，股價和成交量的關係就是如此密不可分。

咦～也有用來掌握成交量狀況的技術指標啊。

本書是以把均量線當作成交量型的技術指標來介紹，但如果只是要判斷成交量，**其實沒有一定要使用技術指標。**
但是，就算不使用此技術指標，在做線圖分析時也必須要懂得成交量的概念。
首先讓我們從「成交量走向會領先股價」的概念開始說起。

■成交量的走向會領先股價

我們在71頁有向大家介紹過，技術指標有一個弱點，就是訊號通常會延遲出現。但是從成交量來說的話，一般認為成交量**會領先股價出現買進訊號**。

在股市中有句俗話是「**量先價行**」。這句話的概念是，**可以先從成交量的變化看出股價的動向**。小心注意觀察成交量的狀況，如果在股價動向產生變化前就能知道股價將會上漲的話……沒有不好好利用這個現象的道理吧。

關於成交量和股價之間的關係，請各位先看看下方的線圖。可以看到，在成交量大幅膨脹之後股價就接著上漲了。

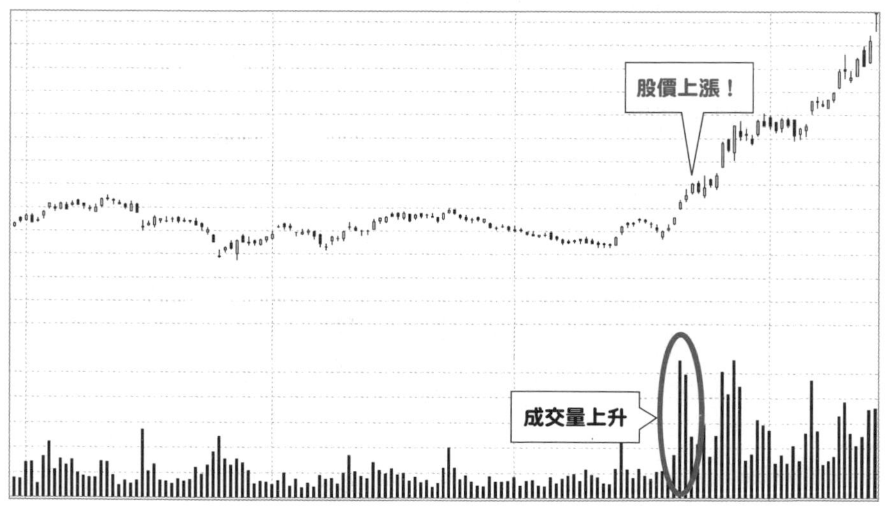

像是這樣，在成交量增加之後股價才上漲的情形非常常見。那麼，為什麼在成交量膨脹後股價就容易上漲呢？

■「成交量大幅度膨脹之後股價就上漲」的機制

一般來說，當股價**感覺好像要轉向上漲時，賣單就會接連地湧出**。有的是獲利了結的賣單，也有的是要停損，這些想著就算停損，至少賣在價格高一點的地方的人，就會在股價稍微上漲的地方一個接一個地釋出賣單。

此時，如果出現很多的賣單，但卻沒有足以消化的相對應買單出現的話，成交量就不會增加。

反之，如果逐漸出現能夠消化賣單的買單時，賣單就會一直持續地減少。此時如果買單沒有減少的話，不用多久，抱著「就算價格貴一點還是想買進」想法的買家就會增加，股價就會變成朝上漲的趨勢走。

只要賣單一出現，更多的買單就會出現把賣單消化一空……像是這樣，賣單出現就被買單消化的狀態一直持續時，成交量就會不斷增加。

最終賣單會漸漸變少，股價也就會往上漲。「成交量增加之後，股價就會往上漲」的原理應該大致上能想像是怎麼回事了吧？

股價的變動看起來不大，但成交量卻逐漸增加時

成交量可以想成跟人氣投票是一樣的東西，在認為接下來股價會上漲時，成交量也比較容易增加。

特別是當股價看不出有太大的變化，成交量卻逐漸增加時，有可能是人氣漸漸升高的預兆，可以猜測之後股價有可能會向上爬升。

也就是說，可以認為**成交量增加時股價就會上漲**對吧？

基本上那樣的想法是對的。
不過，**市場在反轉時也會出現成交量放大的情形**。
例如有一種模式，股價在上漲趨勢時，當你以為伴隨著成交量股價會持續上漲，結果其實是在高價的天花板區，之後股價就會不斷下跌。

那可得小心呢。

無論如何，在成交量增加之後股價就容易跟著變化這點還是要記得。
雖然不能光看成交量來買賣股票，**但只要掌握了成交量的概念，就比較不容易遇到陷阱**。

那麼，為了要能更深入了解成交量，接下來讓我們來觀察「成交量型技術指標」——**成交量的移動平均線**吧。

成交量的移動平均線!?

■觀察成交量的移動平均線（均量線）

接著向大家介紹作為成交量技術指標的「均量線」。

均量線正如其名，是成交量的移動平均線，使用的方法跟股價的移動平均線相同。也就是成交量的增加＝股價的上漲這樣的概念。

讓我們實際用線圖來確認看看吧。

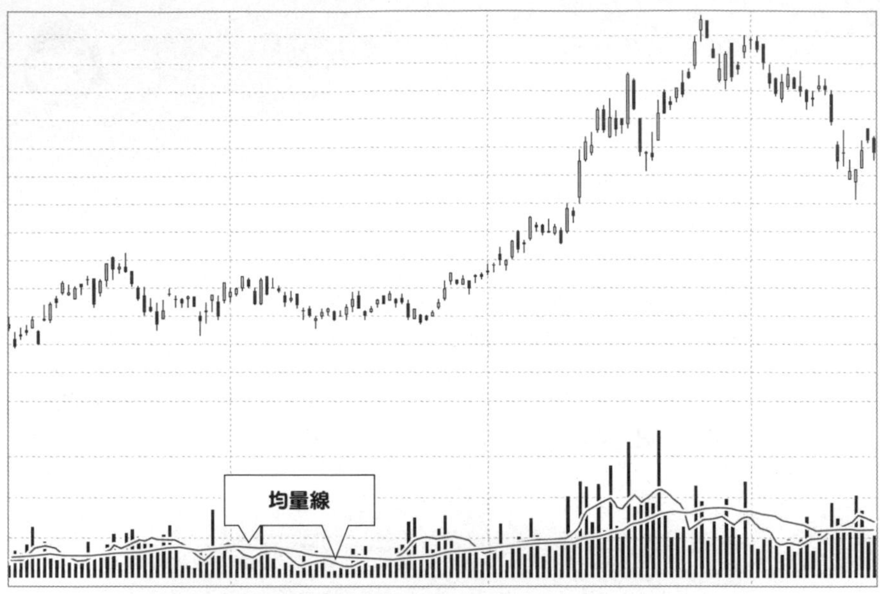

成交量的增加傾向和股價的上漲趨勢大致上呈現正相關。請參考下方均量線大概的使用方法。

均量線的使用方法

（這裡是用5日均量線和25日均量線來做舉例）

5日均量線和25日均量線的狀態	判斷的參考
產生黃金交叉	買進訊號
（5日均量線>25日均量線）的狀況持續時	上漲趨勢
（5日均量線<25日均量線）的狀況持續時	下跌趨勢
產生死亡交叉	賣出訊號

跟股價移動平均線的使用方法一樣呢。它也跟移動平均線時一樣，要選擇比較適合的天數來使用嗎？

是的。**基本上使用5日和25日的均量線來確認就沒問題**，但根據不同的個股找到其適合天數的手法在這裡也有效。

用逆時鐘曲線可看出成交量和股價的親密關係!?

有一個技術指標被稱為逆時鐘曲線。逆時鐘曲線是根據成交量和股價的關係來判斷現在市場情況的技術指標之一，但它是個有點不容易使用的技術指標。

■ 讓我們來看看逆時鐘曲線

實際上使用逆時鐘曲線來進行投資並不容易，不過由於在思考成交量和股價之間的關係時，逆時鐘曲線非常具有參考價值，所以讓我們在這章節把它給學起來吧！

利用線圖工具軟體顯示出逆時鐘曲線之後，通常會出現類似下圖的樣子。

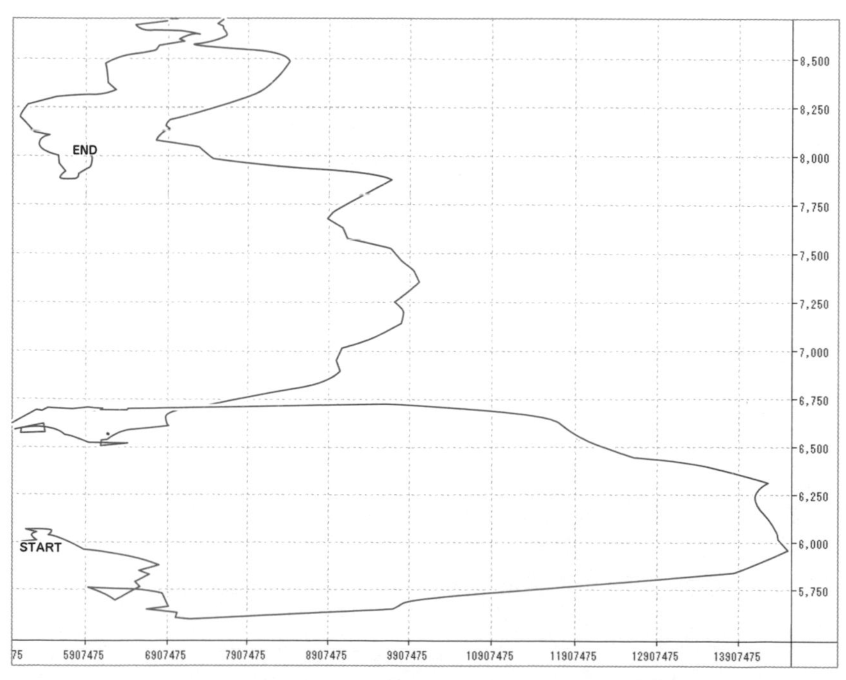

第3天 從指標可以看出買賣的「時機」！

這是什麼？看起來好像幼稚園小朋友畫的圖喔。

真的耶。跟我兒子小時候的塗鴉好像。
連一目均衡表看起來都還比較簡潔呢。

逆時鐘曲線的**橫軸是成交量**，**縱軸則是股價**，都用類似刻度的方式來標示。
成交量增加時就會往右側移動，股價上漲時則會往上方移動。

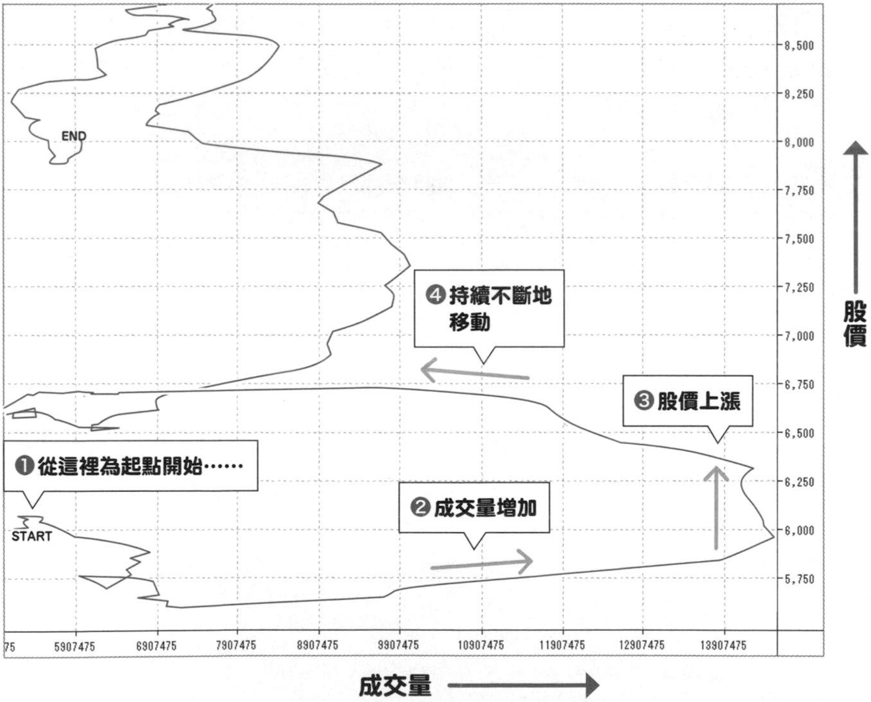

逆時鐘曲線會像這樣不斷移動，而這樣的移動大致上可以分成八種局面。
觀察市場「現在是處在哪個局面」就是逆時鐘曲線的用法。

■逆時鐘曲線的八種局面

逆時鐘曲線的橫軸是成交量，縱軸是股價，由八種局面所構成。我們分別將每種局面做編號，請根據不同的編號一邊想像它的情況一邊閱讀看看。

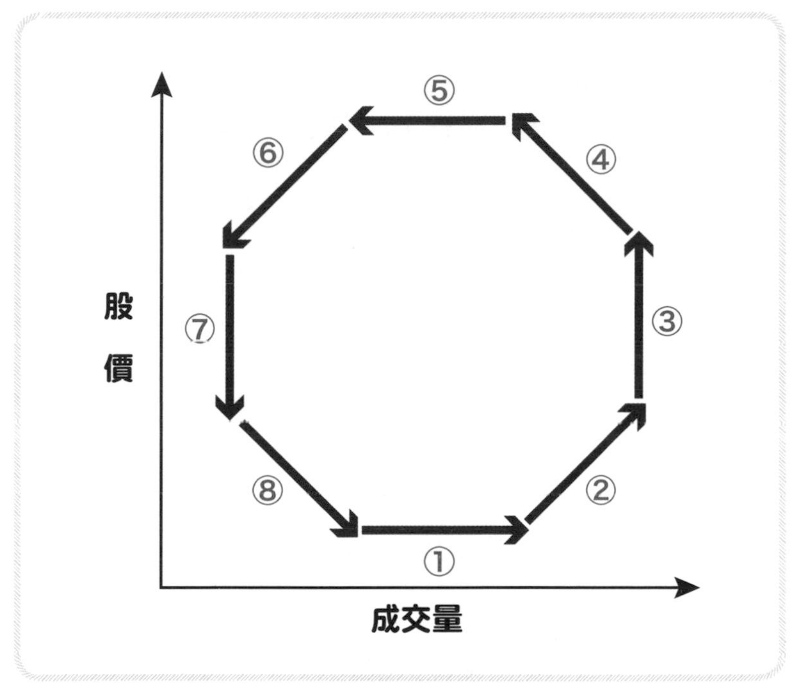

① 股價處在低價區，成交量慢慢增加（→考慮跟著買進）

② 伴隨著成交量的增加，股價也跟著上漲（→買進）

③ 成交量持平呈現橫盤狀態，但股價往上漲（→持續買進）

④ 雖然股價持續往上漲，但成交量慢慢減少（→減少買進）

⑤ 股價在高價區持平，但成交量減少（→進入警戒狀態）

⑥ 伴隨著成交量的減少，股價也跟著下跌（→賣出）

⑦ 成交量雖然停止減少了，但股價卻下跌（→賣出）

⑧ 股價雖然下跌，但成交量慢慢開始增加（→可能在地板!?要注意）

如同前述，成交量領先股價行情增加的情形非常多，所以曲線走向也常常**呈現逆時針方向移動**。從這樣的動態而將這個技術指標稱為「逆時鐘曲線」。

成交量跟股價的走向，好像活的線在移動呢。

在實際投資時可能很難運用到逆時鐘曲線，但請務必要先了解逆時鐘曲線的八種局面和其概念喔。

POINT

股價跟成交量之間有著密切的關係，逆時鐘曲線的循環也非常具有參考的意義。

除了成交量增加、股價上升這樣優質的上漲狀況之外，也要記得必須注意成交量呈現減少傾向，和股價為橫盤的狀況。

Column 成交量是很受歡迎的參數

股票市場上有句俗話是「量先價行」，成交量對股價上漲的影響就是這麼的重要。

在短期間內的股價變動，說是根據投資人的人氣投票而變動也不為過。觀察成交量的變化，其實就像是在解讀投資人的心理一樣。

在本書中，為了確認成交量我們向大家介紹了「均量線」這個技術指標，但其實還有很多其他的成交量型技術指標。

如果各位能找到喜歡的技術指標並加以運用的話是件好事，但就算不使用技術指標，想在短期交易中獲利時，也請務必在確認最近的成交量變化之後再進行投資。

確認好成交量的變化，就能夠提升勝率。

第4天

幫助投資人的便利下單方法

主婦或上班族之所以能夠投入波段交易，正是因為有各式各樣的下單方法。

好好理解基本的下單方法並且聰明運用的話，就能夠利用工作或家事的閒暇之餘來進行交易。

忙碌朋友的好幫手，方便的下單方法

■就算忙碌還是能操作？

不知道您是從事什麼工作呢？家庭主婦、上班族、自己創業、打工族……我想有各行各業的朋友正在閱讀本書，但應該幾乎沒有整天都能做股票操盤的人。

日本股市的交易時間是：

- **上午9點～11點半（前半場）**
- **中午12點半～15點（後半場）**

這些時段不管是家庭主婦還是上班族都非常忙碌，根本處於無法常常觀察行情的狀況吧。這種時候能成為我們的好夥伴幫忙我們的，就是網路券商所準備的各式各樣下單方法。

※註：台灣股市的交易時間是09:00～13:30。

配合自己方便的時間，聰明地下單吧！

網路券商所準備的各式各樣下單方法，能成為無法整天盯著股市行情看的朋友們的有力好幫手。

確實做好線圖分析，在交易時間之外預先下好單的話，**就沒有必要緊迫盯人地一直貼著市場行情來做交易**。

上班族的朋友可以考慮在晚上下班後或利用週末的時間。而家庭主婦的朋友們，可以考慮利用上午些許的閒暇時間，或利用中午午休的時間，或是傍晚的時間來做操作。

好好學習線圖分析，並**聰明運用各種下單方法**的話，即使是忙碌的人也能毫不勉強地採用波段交易做股票的投資。

不管條件如何就是想買到（賣出）股票時就使用「市價委託」

讓我們來看看具體的下單方法吧。首先我們要學習的是「市價委託」的下單方法。

■ 不指定股價的下單方法

市價委託是不指定買進股價和賣出股價的下單方法，也就是：

- **「不論多少錢都可以請跟我買」**
- **「不論多少錢都可以請賣給我」**

這樣的下單方法。有的時候會在預料之外的價格附近成交，所以在使用的時候一定要小心。

所謂「不論多少錢都可以」，不是有點恐怖嗎？

是啊。因為**有時候可能會變成預料之外的股價**，所以在下買單時最好使用我們之後會介紹的「限價委託」比較好。

那麼，市價委託應該要在何時使用才好呢？

一般認為在**停損時使用市價委託比較合適**。因為**在停損時最重要的是要趕快脫手逃走**。

■在停損時很有幫助

市價委託這個方法在停損時非常合適。

就算多少有可能會在比自己所預設還要更低的價格賣出，我們還是要認為能利用市價委託的下單方法來確實做到停損是比較好的。

■下單有三個概念

下單時，有以下的三個概念。

- **價格優先**
- **時間優先**
- **市價優先**

價格優先是指，在買進時用較高價格下單的人會優先成交的意思。

時間優先是指，用同樣的價格下單時，先下單的人會優先成交的意思。

市價優先是指，用同樣的價格所約定的市價委託單跟限價委託單同時進來時，市價委託會優先成交的意思。

POINT

市價委託指的是不指定股價來進行買進和賣出的下單方法。

容易成交這點不用贅述，但也有在預料之外的股價成交的可能性，因此在使用時要小心注意。

主要的用法是在停損時使用。停損時利用市價委託下單，把注意力集中在出清手上的持股比較好。

有「不是這個價格不行！」的想法時就使用「限價委託」

■ 指定股價的下單方法

限價委託，是指定買進股價和賣出股價的下單方法，也就是：

- **「在這個股價跟我買」**
- **「在這個股價賣給我」**

這樣的下單方法。

買進時，可以用指定買價以下的價錢買到，但在指定買價以上的價錢就會買不到。另一方面，在賣出時，可以用指定賣價以上的價錢賣出去，但在指定賣價以下的價錢就不會被賣出。舉例來說，讓我們來看看某支個股的行情表。

中間寫著「市價」那欄的數字是股價，右側的數字是「限價委託的買單」，左側的數字是「限價委託的賣單」。

賣 單		買 單
	市 價	
10,400	3,858	
24,000	3,857	
53,500	3,856	
26,900	3,855	
32,000	3,854	
	3,851	100
	3,850	3,200
	3,849	1,400
	3,848	4,900
	3,847	1,100

這支個股的情況是：

- **在3,851日圓有100股**
- **在3,850日圓有3,200股**
- **在3,849日圓有1,400股**
- **在3,848日圓有4,900股**
- **在3,847日圓有1,100股**

指定買價的限價委託單進來。

- **在3,854日圓有32,000股**
- **在3,855日圓有26,900股**
- **在3,856日圓有53,500股**
- **在3,857日圓有24,000股**
- **在3,858日圓有10,400股**

指定賣價的限價委託單進來。

假設您現在也下了一張想用3,851日圓買進200股的買單的話，那與在3,851日圓這個價位目前的100股買單合計，就變成有300股買進的限價委託單。

雖然這支個股現在的股價是3,853日圓，假如我們可以用3,855日圓的價格下500股的限價委託買單。此時，因為有比這個價錢還低的3,854日圓的賣單存在，所以可以預測到我們能用3,854日圓的價格買到500股的股票。

原來能用比現在股價還高的價錢下限價委託單呢。

是的。
市價委託單有可能會成交在預料不到的價格，因此就算有「現在就想買到！」的想法時，也不要用市價委託下單，而是要用限價委託來下單。

■想用限價委託來賣股時

持有某支個股並且有「想用這個價錢賣出」這樣明確的目標股價時，就用這個價錢來下限價委託的賣單吧。

網路券商有一個服務，在買賣成交以後，系統就會自動發送成交通知的電子郵件給我們。只要用想賣的股價預先下好限價委託單，當股價上漲時就會自動獲利了結，然後用電子郵件通知我們。

POINT

限價委託是指定好想買的股價和想賣的股價後下單的方法。

適合在做買單和做獲利了結時使用。另外，預先設定好成交通知的電子郵件的話，當成交時券商就會自動用電子郵件通知我們，非常方便。

想指定「如果這樣，就那樣」時就使用「停損單」

■「在這之上幫我買進（在這之下幫我賣出）」的時候使用

停損單（日文為「逆指值注文」，台灣無相對應的用語，因多用於停損，故翻譯為停損單）是：

- **「漲到這個價格以上幫我買進」**
- **「跌到這個價格以下幫我賣出」**

這樣的下單方法。有「**停損限價單**※」和「**停損市價單**」。「停損限價單」是「股價漲到△日圓以上的話，在指定的□日圓買進」這樣的下單方法。

※註：停損限價單日文為「逆指値の指値注文」，但並非用於停損，而是「上漲至指定股價以上後買進」的限價買單，為了與前一章節的限價委託區分暫且翻譯為停損限價單。

想買在比現在價格還高的點，有這種事情嗎？要買的話不是趁現在便宜買進比較好嗎？

也不盡然是如此。
譬如請看下方線圖的例子。

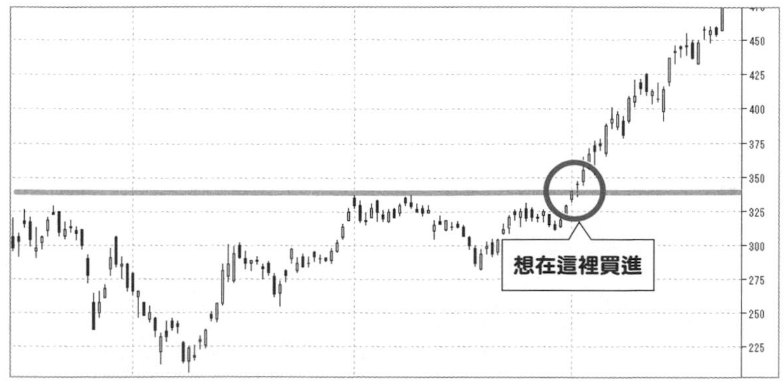

像這樣「想在突破的時機買進」的場合，停損限價單就很有效。

第4天 幫助投資人的便利下單方法

前頁線圖的情形，可以看到股價在到達340日圓前兩次拉回。

此時，如果用「股價漲到341日圓以上時，就用342日圓的股價買進」這樣的方法預先下單會怎麼樣呢？就算您工作繁忙，無暇盯著股價的動向看，系統也會自動幫我們把股票買進來。

股價突破之際，想搭上趨勢順勢獲利時，就可以使用**下限價的買單**這樣的方式。

還有其他可以使用的時機嗎？

在進行停損時也推薦使用停損單這樣的下單方法。

■在停損的時候下停損單

推薦大家在停損的時候使用停損單。

在您太忙碌而**無法注意股價動向的時候，股價也有可能突然產生暴跌**。不過，只要我們預先下好停損市價單的話。系統就會自動幫我們執行停損這個動作。

假設您在Ⓐ點買進股票的話會如何呢？可以看到在那之後股價就產生很大的暴跌。

在做股票投資時，股票有可能會在數天之內產生大幅度的下跌。如果不能做到停損就很有可能會產生非常大的損失。

此時，如果可以預先下好「跌到18,500日圓以下的話就以市價賣出」的停損市價單就能夠放心了。

如此便能在Ⓑ點時就停損殺出，不會受到在那之後暴跌的影響。

■自動幫我們執行完成自己難以實行的停損

就算一邊盯著股價的動向看，想要執行停損還是很難做到的事情。

任誰都不想蒙受損失，大家也往往會想「如果股價稍微漲回來的話再賣掉」。

不過，預先下好停損市價單的話，系統就會自動幫我們執行停損。

無論一天之中有沒有時間去追蹤股價的動向，讓我們多加活用**像是安全網般的停損市價單**吧。

POINT

停損單是漲到某個價格以上就買進，跌到某個價格以下就賣出，這樣的下單方法。

限價買單可以活用於瞄準股價突破關卡時做買進，停損的市價賣單則是在做停損時非常方便使用。

配合股價的變動更改停損值！「移動停損單」

■指定股價的下單方法

接下來讓我們來看什麼是移動停損單。移動停損單指的是**「最高價－X日圓時賣出」這樣的下單方法**。

移動停損單基本的概念是「股價下跌的話就賣出」，類似於停損單，不過它的特點是隨著股價的上漲，停損的股價也會跟著上升。

移動停損單的例子

例如，讓我們來思考在股價500日圓買進之後，用「最高價－20日圓時賣出」這樣的方式下移動停損單會是如何。

剛買進的時候為500－20＝480，也就是「股價如果掉到480日圓以下就賣出」這樣的賣單，但之後每次股價上升時，賣出的價格也會跟著改變。

例如，漲到520日圓時會是什麼情形呢？最初是480日圓的停損值變成520－20＝500日圓，因此賣價會上漲到500日圓。如果持續上漲到550日圓的話，賣價為550－20＝530日圓，也就是股價跌到530日圓時才會賣出。

隨著股價的上漲，停損值也會跟著往上升，因此這一個下單方法在獲利了結和停損時都能使用。

案例，最高價－50日圓的移動停損單的情形

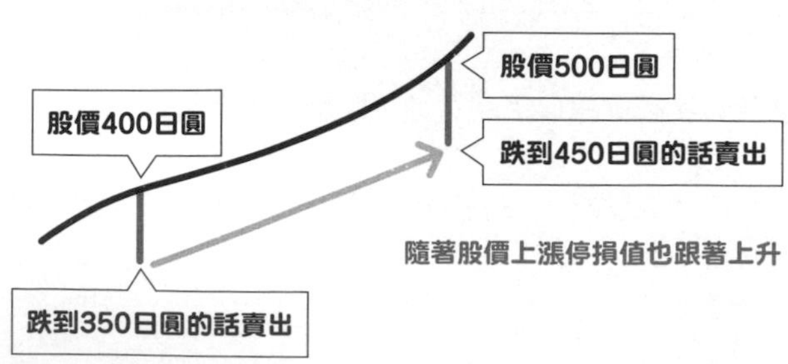

這個好方便喔！

移動停損單是特別適用於想搭上趨勢順勢獲利時的下單方法。因為它能夠配合上漲趨勢而增加獲利。

太棒了！感覺好像只要有這樣的賣單就夠了呢。

移動停損單的確是非常有用的下單方法。
不過，如果股價暴漲時會如何呢？
與其用移動停損單等到股價從最高價掉下來時才行動，還不如在暴漲後的位置就先獲利了結說不定比較好喔。

說的有道理……

■移動停損單的買單

此外，**移動停損單也有買單的方式**。

例如像是「股價漲到最低價＋20日圓時買進」這樣的下單方法。此時就能夠在股價從最低點開始反彈的時機點買進股票。

POINT

移動停損單的概念是「隨著股價的上漲，停損的股價也會慢慢跟著上升」，在想要搭上趨勢獲利等等的時候，可以說是非常有用的下單方法。

無法一整天觀察股價動向的人，可以考慮看看將這個下單方法當作你的好幫手來多加利用。

其他各式各樣的下單方法

■證券公司為我們準備了各式各樣的下單方法

在本書介紹的「市價委託」、「限價委託」、「停損單」、「移動停損單」這四種下單方法，是大部分的網路證券公司都有準備的下單方法，但是不同的網路券商其實還準備了其他各式各樣的下單方法。

每個證券公司所準備的下單方法都不盡相同，因此要選擇有您在實際操作時想使用的下單方法的券商。

停損停利二擇一單・OCO單

也有券商準備了**混合限價委託和停損單的下單方法**。不同的券商對這種下單方法的稱呼不一樣，有的稱之為停損停利二擇一單，有的稱之為OCO單。

這種下單方法的機制是，同時丟出獲利了結和停損的賣單，只要其中一種賣單成交，另一種賣單就會自動取消。另外，除了本書介紹過的下單方法之外，有的券商也準備了其他不同的下單方法。

多樣化的下單方法能夠成為忙碌的您的好幫手。學習各種不同的下單方法，朝向您心目中理想的交易方法前進吧。

在股票開盤時間以外的時間觀察線圖然後下單，開盤交易時反而不看股價的變動也沒關係。
一直盯著股價看，有時候就會不小心買進明明不該買的股票，無法避免地做一些多餘的交易。記得做波段交易時，**只在該買的時候才買**是非常重要的。

第5天

實戰！可以撿到便宜的「買進」訊號！

在第5天，我們總算要進入實戰模擬，一邊使用線圖一邊培養出掌握股票買進時機點的能力。請回想到目前為止所學的內容，慢慢往下閱讀。

不要指望「低買高賣」？

■找到自己擅長的線型！

請將線圖工具軟體打開，在實際的線圖中，來找找看到目前為止學習過的「買進模式」吧！

另外，更要在認為「該是買進的時機」時，把那個時機點記下來或是**將線圖列印下來，之後持續追蹤股價動向**，如此一來就會學到很多東西。只要像這樣持續努力學習，不需要實際投錢進股市也能累積很多的經驗值。不花錢也能夠學習到的東西其實有很多。

讓我們一邊複習到目前為止所學的技術指標和線圖類型，一邊學習包括下單方法的買進模式吧！
所以才要學習「這樣變化的話就是買進的機會」這樣的線型。

非常期待。在這裡要學的「買進模式」也要確實地把它們背起來比較好嗎？

不，不用把我們要介紹的買進模式背下來。重要的是，做到在該買進的時機點能夠買進，所以只要會判斷就好。

太好了！

但是，我認為要有自己擅長的模式比較好。
當然，股票跟動物一樣，不可能變成完全一樣的線型……
就算如此，如果有一個您的必勝模型，也就是有「啊，如果變成這個線型的話我一定能獲利」這樣的東西的話，一定可以很開心地操作，也會變得比較容易獲利。

■ 不要指望「低買高賣」

另外，在波段交易中不要指望低買高賣也是很重要的事喔。

嗯？我有聽過「股票基本上就是要低買高賣」這樣的說法…… 但您說不要指望是嗎？

是的。不要指望。

有聽過股票的基本概念就是「低買高賣」這種說法的人一定不在少數，但**在波段交易時不應該以這個為目標**。

我們再三提醒過了，波段交易的基本是在確認趨勢會往上漲之後再買進。

將線圖拉遠來看能夠確定是上漲趨勢時，事實上「上漲趨勢已經開始了」，所以一定不會是在最便宜的狀態。順勢的波段交易是：

- **在高點買進，在更高點賣出**

我們要保持這樣的意識。**在低價的地方買進時等於是在下跌趨勢中買進**，在數日到數週的波段交易中，會難以取得勝利。

■逆勢操作是低買，之後在變得沒那麼低時賣出

逆勢操作雖然是在便宜的時候買進，但它獲利了結的地方是「變得沒那麼便宜的時機」。**一定不會是在高價的位置**。

逆勢操作常常是在下跌趨勢正在進行中時做買進，在高價的地方持續持有的話，很容易被捲入下跌的洪流中，請務必小心。逆勢操作簡要來說就是；

- **在低點買進，在變得沒那麼便宜時賣出**

這樣的概念。

如果是這樣，在逆勢操作時買進然後再套用順勢操作的想法賣出，感覺更能賺大錢耶……

的確。那樣做的話，就變成是在低點買進，高點賣出了呢。

逆勢操作跟搭上上漲趨勢的概念是不同的概念。
與其等待下跌趨勢時買進的個股反轉到上漲趨勢，還不如**在逆勢操作時用逆勢操作的概念，順勢操作時用順勢操作的概念**分開來操作還比較容易得到勝利。

■「掐頭去尾」

股市也有句俗諺叫做「掐頭去尾」。

這句話告訴我們低買高賣的困難度。意思是說，不要從頭到尾全部的利潤都想要拿，而是以**確實獲取身體部分的利益為目標**。太貪心的話，很容易被捲入意想不到的損失，結果反而得不償失。

實戰！買進模式① 往上突破箱型時買進！

那我們馬上來看第一個「買進模式」吧！

■一起來看往上突破箱型時買進的模式

一開始要跟大家介紹的是「往上突破箱型時買進」的模式。

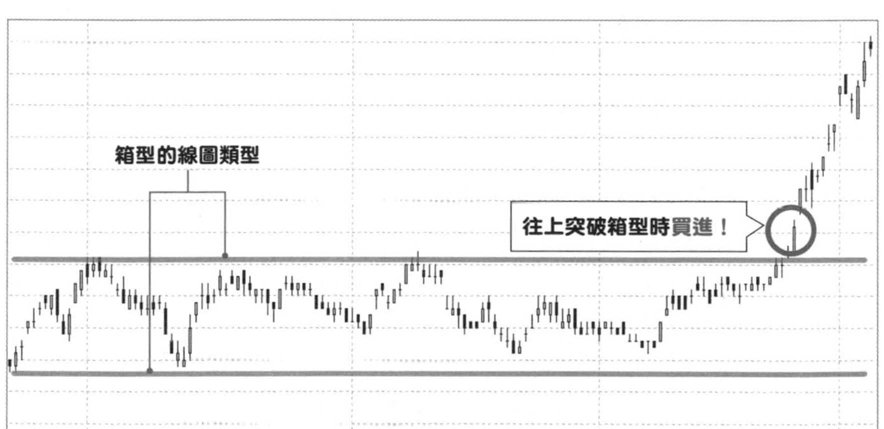

用輔助線把箱型的線畫出來，找到往上突破的時機點。此時，決定要買進的股價，用那個價格買進。

這裡是使用在92頁學到的線圖類型「箱型」吧。箱型真容易找到呢！

對啊。在往上突破箱型時買進的策略中，當股價的橫盤膠著狀態被打破，就在**上漲趨勢正要開始的點毫不猶豫地馬上買進**吧。

■禁止追高

這個模式的買進**重點是，「在向上突破的瞬間就毫不猶豫地買進」**。一般常會犯的錯誤是「因為沒在想買進的點買到」，想挽回錯誤而**追高買進**。

例如，明明預先想好了「要在突破505日圓線時用506日圓買進」，但因為上漲的趨勢太強，沒能在506日圓時買到。

當還在觀望時，股價又往上漲到507日圓、508日圓的價位的話，心情會從「好不容易瞄準的股票卻沒能買到」膨脹成「無論如何我都要買到」這樣的想法。

結果，本來預計想在506日圓買進的股票，變成在510日圓甚至是515日圓以上的價位買進。這種為了追上股價而買進的行為，就叫做「**追高**」。

自己在線圖上畫出箱型的線，仔細地思考該在多少錢時買進。就算沒辦法在好的時機點買到，也嚴格禁止追高買進。

沒買到的話很不甘心啊……

這時候能夠幫助我們的，就是在第4天我們所學的各式各樣的下單方法。
這種情形時，只要使用**停損限價買單**（請參照141頁）就好了。讓我們以「指定往上突破箱型時的價格用限價買進」的方式來下單吧！

■順利的話將獲得很大的利潤！

這次的買進模式，順利買進的話就可以搭上上漲趨勢，順勢獲得更大的利潤。**在突破時只要一併確認成交量**，就能夠藉此更進一步提升預測的精準度，這點請務必要記下來。

實戰！買進模式❷ 缺口回補之後買進！

接下來介紹的買進模式，是利用我們在第2天學習過的缺口回補法則（請參照100頁）。
發現跳空上漲而出現缺口的K線時，將拉出缺口前的股價設為限價委託來下單也是一招。

■利用缺口回補法則，以限定價格買進下單

在發現拉出缺口的上漲趨勢時，如果事先指定拉出缺口前的股價下限價的買單，就能在圖中紅圈的地方買進股票。

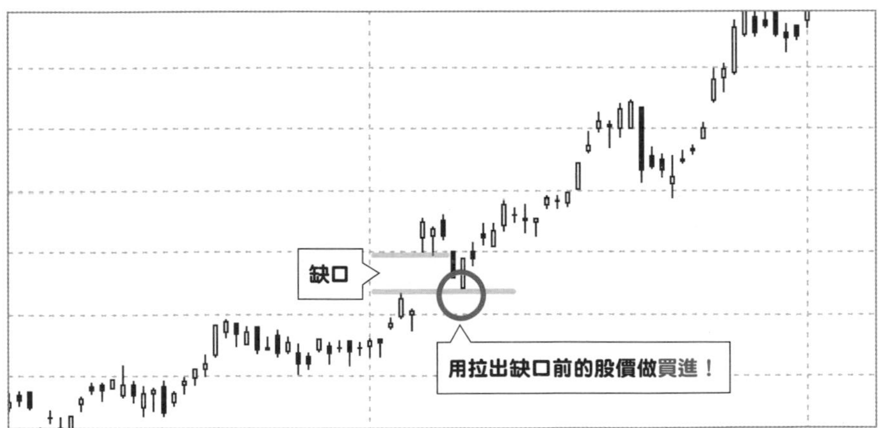

上方的線圖能很漂亮地套用缺口回補法則，**在回補完缺口後股價就往上爬升**。

要注意的點是，必須要確認**個股的成交值是不是每天都足夠**。

因為如果是成交值太低的個股，只要有買進的大單進來就容易產生缺口。

5-04

實戰！買進模式③

股價創新高時買進！

■在前次的最高價被更新時買進

在一定期間內最高價持續往上漲，就有可能會「創新高」。有點像是創新紀錄那樣的概念。

股價創新高時，通常被認為是買進力道強勁的證明。當然，**沒有例外的一定是處在上漲趨勢中**，連續4天、5天創新高記錄的情況也不稀奇。要記得，**在創新高時買進股票跟順勢搭上買進力道很強的個股一樣**，都是很合理的戰略。

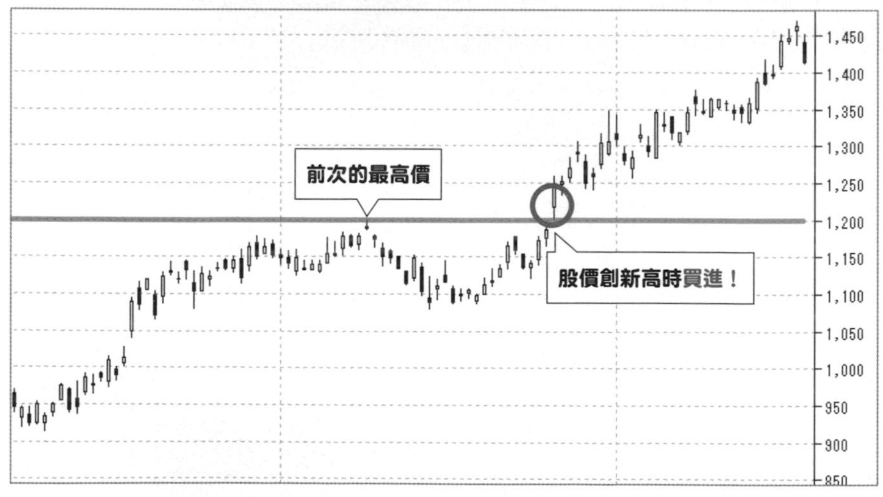

在創新高時買進股票，不會很恐怖嗎？感覺會急跌令人感到不安。

因為當下看起來是在最高點，所以買進的時候也許會感到恐怖也不一定，但數天～數週之後再回頭來看，很多時候會發現「當時的價錢其實還算便宜」的喔。

■思考看看在創新高時的投資人心理

讓我們來思考看看在創新高時的投資人心理。
股價創新高，代表所有持有股票的人都會獲利。
各位認為**此時的投資人心理應該是「樂觀」還是「悲觀」**呢？

當然是**樂觀**囉！

沒錯。
首先，請各位先記得，**當投資人心理呈現樂觀時就是買進股票的適當理由**。

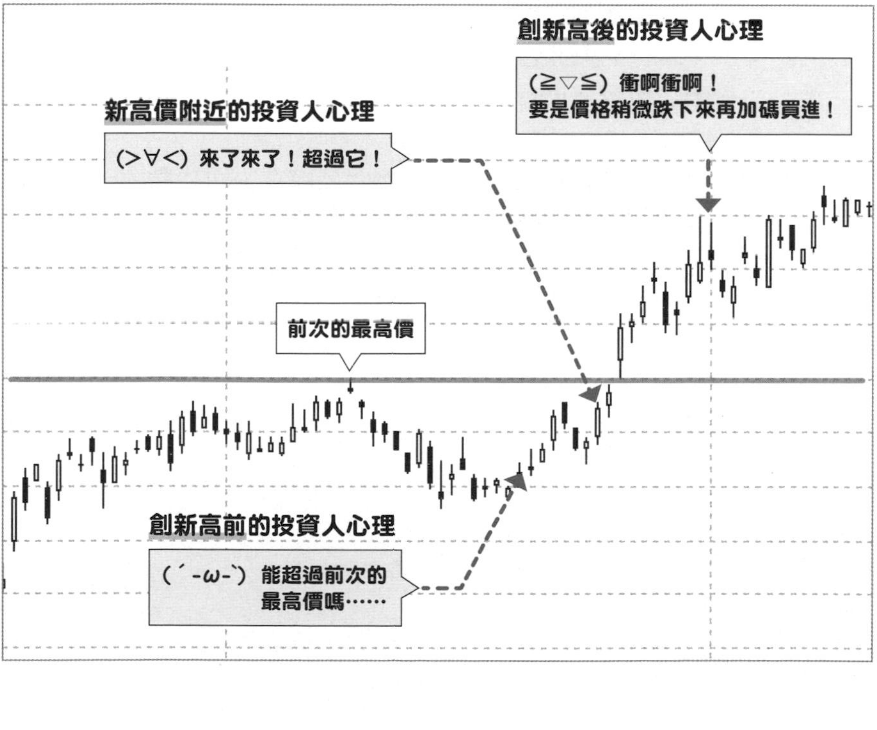

創新高後的投資人心理

(≧▽≦) 衝啊衝啊！
要是價格稍微跌下來再加碼買進！

新高價附近的投資人心理

(>∀<) 來了來了！超過它！

前次的最高價

創新高前的投資人心理

(´-ω-`) 能超過前次的最高價嗎……

但是，在股價創新高時，「股價創新高已經賺到錢了，把股票賣掉獲利了結吧！」有這樣想法的人也會增加不是嗎？

股價創新高時，在猶豫要不要買進的人會想「早知道我就先買起來放了」，已經持有股票的人會想「當初多買一點就好了」，因此就算之後股價稍微下修，還是會有很多「想買進」的人。

所以，想要獲利了結造成的賣出，其實沒有想像中的那麼恐怖。
真正恐怖的是被稱為拋售所造成的賣出。

當然，以為是創新高結果其實是遇到天花板的高價區，然後直接從那裡開始下跌，這樣的可能性也不是完全沒有。如果真的變成那樣的情形，便必須得**盡快用停損來應對**。

只不過，一般都會認為創新高已經證明了處在上漲趨勢中，且買進的力量很強，因此如果能順勢搭上創新高後拚命往上漲的波段，將有可能獲得非常大的利益。

的確是如此。我愈來愈覺得股價創新高後，會就這樣趁勢一直往上漲上去呢！
這不買都不行了！

唉呀，追高是禁忌喔！

實戰！買進模式④ 強力上漲趨勢時在拉回點買進！

■在上漲趨勢當中買進股票的戰略「拉回點買進」

接下來介紹的買進模式，是在上漲趨勢當中買進股票的戰略「拉回點買進」。到目前為止，我們已經跟各位再三強調過必須要在上漲趨勢時買進股票這件事，但並不是只要在上漲趨勢中，不管哪個點都能買進。**在上漲趨勢中要買在「哪個點」才好**其實比想像中困難。

即使股價正在上升中，如果在被「超買」的價位買進股票，也不會有更多上漲的空間，反而可能會在買進之後立刻下跌。

先確認是在上漲趨勢中，然後**買在股價暫時下跌的位置（拉回點）**是利用順勢交易獲利時的基本戰略。

首先讓我們來看圖是長什麼樣子吧！下圖中，紅色圓圈的位置就是「拉回點買進」的時機。

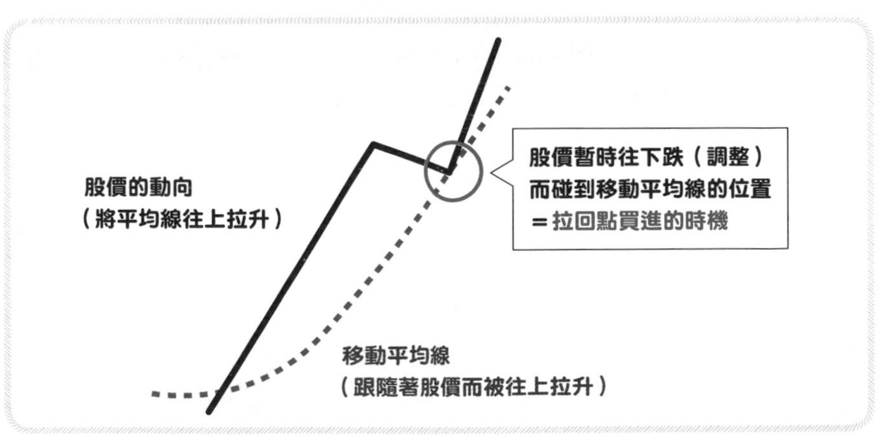

這個形狀，看起來跟格蘭維爾法則很像？

真是敏銳。在說明格蘭維爾法則時所介紹的買進模式Ⓒ跟這個模式是相同的（詳細內容請見74頁）。

拉回點買進的重點是，**移動平均線與股價之間的距離**。移動平均線和股價在沒有產生乖離的情況下，上漲的趨勢暫停，瞄準**股價稍微往下跌而碰到移動平均線的地方**做買進，就是拉回點買進的戰略。讓我們來看看實際的線圖吧。雖然下圖的範例是使用10日移動平均線，但請各位觀察過去的線圖，找到適合個股的移動平均線。

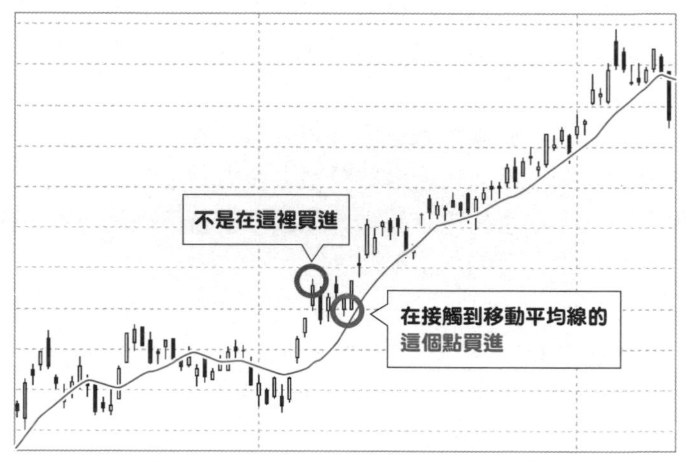

像是這樣鎖定**「已經確認是上漲趨勢，但上漲力道暫時轉弱，股價被壓回到移動平均線」**的點做買進，就是所謂的拉回點買進。

原來如此，也就是說在上漲趨勢中，**瞄準稍微便宜一點的地方**吧。

在這次的案例中，**使用限價委託的買單是很有效的**。只要先用移動平均線附近的價格下單，等到股價真的接近移動平均線附近時就能夠買到股票了。

5-06 實戰！買進模式⑤ 往上突破三角旗型時買進！

往上突破三角旗型時買進

這是在第2天學過的「三角旗型」對吧！

是的。讓我們實際來看看日經平均指數的線圖吧。紅圈的「**往上突破關卡價的時機**」即是買進模式。

在過去有三次股價在15,000日圓附近拉回呢。真是令人焦急啊～

像是這樣，**好像多次壓回股價的沉重價格我們稱之為「壓力線」**，或叫做關卡。

「壓力線」在58頁也出現過對吧。

在前頁的線圖中可以看到，雖然在15,000日圓的附近好幾次都被壓回，但下方最低價的值漸漸在往上升。也就是其為**典型的上升三角旗型圖形**，在第四次時成功突破15,000日圓的關卡之後，漂亮地構築成上漲趨勢。

可以知道，像這次的15,000日圓一般**反覆將線型壓回的關卡，是大家都想要賣出的價格線**。在突破關卡前買進的話，有被關卡壓回的可能性，因此瞄準在突破後買進吧。

在成為上級者之後，認為應該會突破關卡所以提前買進股票是可以的，但**基本上還是在突破關卡的股價後買進比較確實**。

使用停損單（限價）買進

這次的情況是，指定在往上突破15,000日圓之後的價位買進是最理想的。下「**停損買單（限價委託）**」來做買進的話，在突破關卡之後就能順利地買到。

但是，不管在哪個時機點想買進股票，**還是要考慮遇到陷阱的可能性**。
在發現自己遇到陷阱時，要盡快做停損來應對。

像是這次的例子，如果在往上突破15,000日圓的關卡做買進，卻遇到陷阱時，應該在多少的價位做停損比較好呢？

本例的話，在15,000日圓下方一點點的位置執行停損是最理想的。
原因是，如果再次跌破15,000日圓時，15,000日圓很有可能變成高價點。

5-07

實戰！買進模式⑥
上漲→假性下跌→再次上漲時買進！

讓我們來看看稍微偏上級的買進模式，這是一種心理上很難做到的買進時機點。在154頁我們提到的「創新高的買進策略」中遇到陷阱並做停損後，「於再創新高時再次買進」。

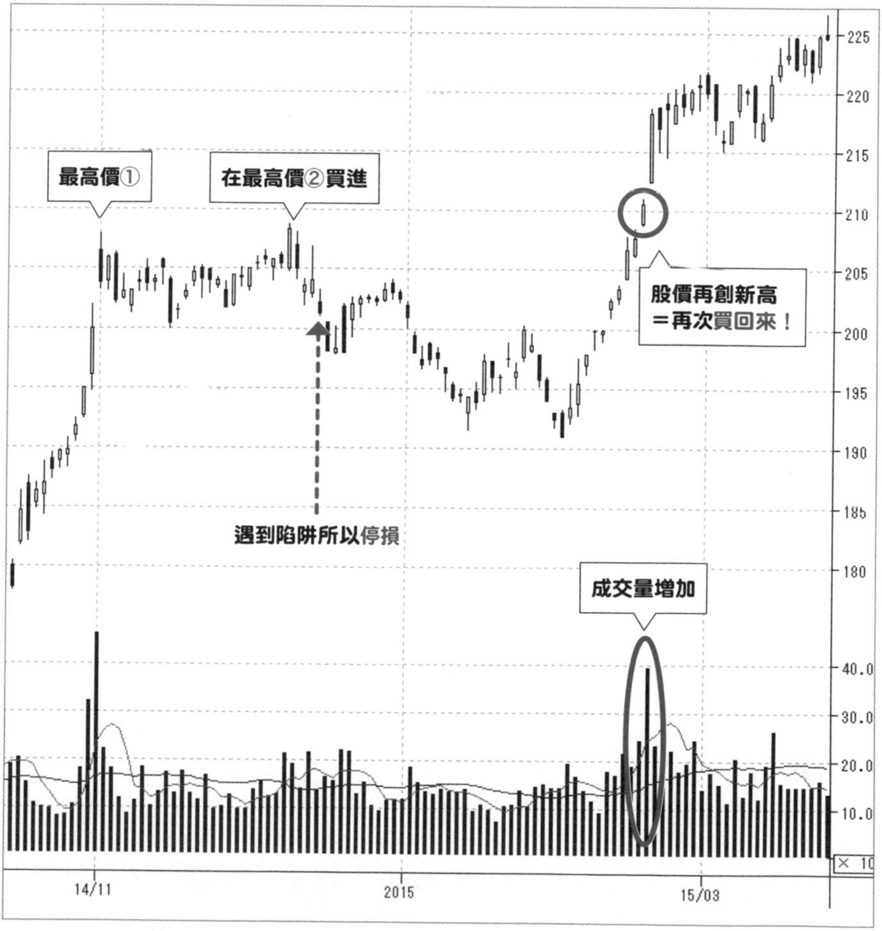

最高價①

在最高價②買進

遇到陷阱所以停損

股價再創新高
＝再次買回來！

成交量增加

14/11　2015　15/03

■原本是瞄準創新高才買進的……

線圖中一度漲到最高價（①），雖然在那之後好像呈現要創新高的動態（②），但結果股價拉回變成往下跌的狀態。

若是考慮到154頁所提到的「在創新高時買進戰略」，應該會在②創新高的點買進，之後變成不得不停損。但是，在些許的下跌之後，結果這支個股又伴隨著成交量的增加再次創新高。

■停損之後再一次買回來結果常常是對的

要能突破新的最高價繼續往上漲，需要很強的買進力道。像是這個例子一樣，**以為要突破了卻拉回的案例也很常見**。

此時應該要用停損來應對才是，但如果買進的機會又來的話，就算股價比我們賣掉時的價位還高，**再次買進的結果經常是正確的**。

把已經停損過一次的股票再度買回，總感覺好像哪裡過不去啊……

就是啊。而且得用比當初賣掉的股價還貴的價位買回，更是讓人有這種感覺。

兩位的心情我懂。

不過，**跟過去是在多少價位買進的，還是多少價位賣出的完全無關。**

不應該靠感情意氣用事來做交易，能在買進的機會到來時將股票買進才是最重要的。

❖POINT❖

在股票投資當中，得用比過去賣出的價錢還高的價位再次買回股票的情形所在多有。特別是利用線圖分析來做波段交易時，更是常常會碰到這樣的事情。股價跟您過去做過什麼樣的交易沒有關係，還是一樣持續變動，要注意不要被自己的感情所左右。

實戰！買進模式⑦ 在低檔徘徊的股價，當成交量推高時買進！

觀察成交量的變動是很重要的。特別是當股價在相對低的價位徘徊時，**突然有非常大的買賣**發生就是很好的機會。有時候，甚至能創下平常4倍、5倍的成交量。

■在低檔時成交量激增是好機會

在低檔且成交量激增時，有時會一下子受到市場的關注，而使得股價暴漲。

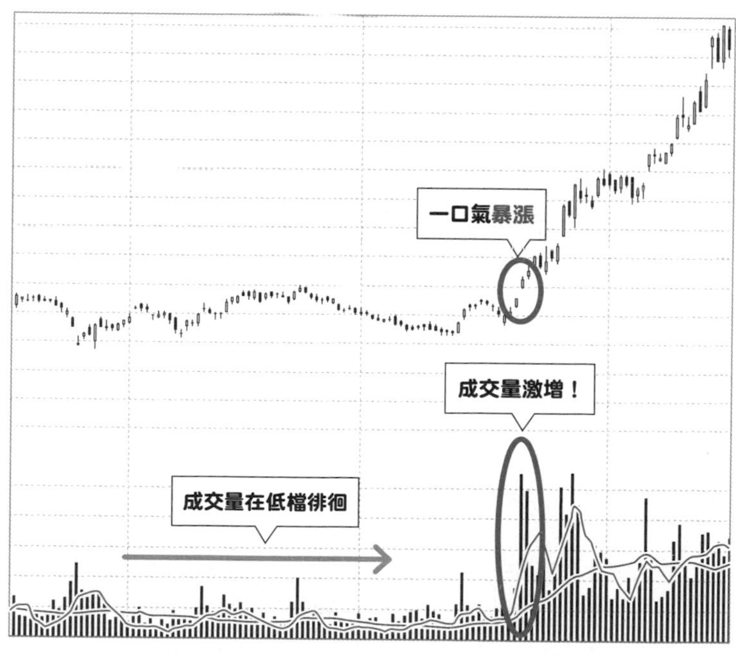

股價在相對看來低檔的位置而成交量激增時常常是買進的好機會，此案例的情況是，在短短的一個半月內股價大約上漲了近50%。這個買進模式，在剛開始變化的時機點成交量會膨脹成平常的好幾倍，如果能**在剛開始變化的時機點就買進股票的話，就能夠獲取龐大的利潤**。

總覺得盯著這個買進模式看，就能看到夢想耶。

的確是呢。只要在網路上用「**成交量激增個股排行榜**」等關鍵字來搜尋，就能輕鬆找到當天成交量顯著增加的個股，不妨試試看。

■確認成交量激增的理由

想瞄準這樣的交易時，應該要好好了解為何成交量會激增。

例如，「本來因為管理不善而發生醜聞所以股價低迷的監理個股，突然傳出可能會有支援的企業出現，所以成交量激增」有時可能是因為像這樣**空穴來風而沒有根據的消息而導致成交量激增**。

這時只要謊言被拆穿了，就會立刻產生暴跌……一定要避免像這樣的情況。

另外，也必須先確認在成交量增加之前的平均成交值大約是多少。

因為成交量增加而得意忘形把大量資金一股腦地投入，等回到普通的水準時卻發現買賣減少，賣不掉而被套牢，要是變成那樣的狀況就不妙了。

POINT

當股價在看起來相對低檔的位置，如果成交量突然放大到平常的好幾倍時就要好好留意。常常有從那個位置開始暴漲而在短期間能夠獲取龐大利潤的情形。

另外，在投資前請先調查為何成交量會激增的原因。

實戰！買進模式⑧
在超過前波高點的杯柄型買進！

還記得我們在第2天第95頁所學的「杯柄型」這個線圖類型嗎？

當然囉！它是形狀長得像咖啡杯，令人印象深刻的線圖類型呢！

正是如此。
之前我們已經說明過，杯柄型容易出現在「地板」和「股價創新高時」，其中「創新高」的時機點正是買進模式。

■股價創新高的杯柄型買進

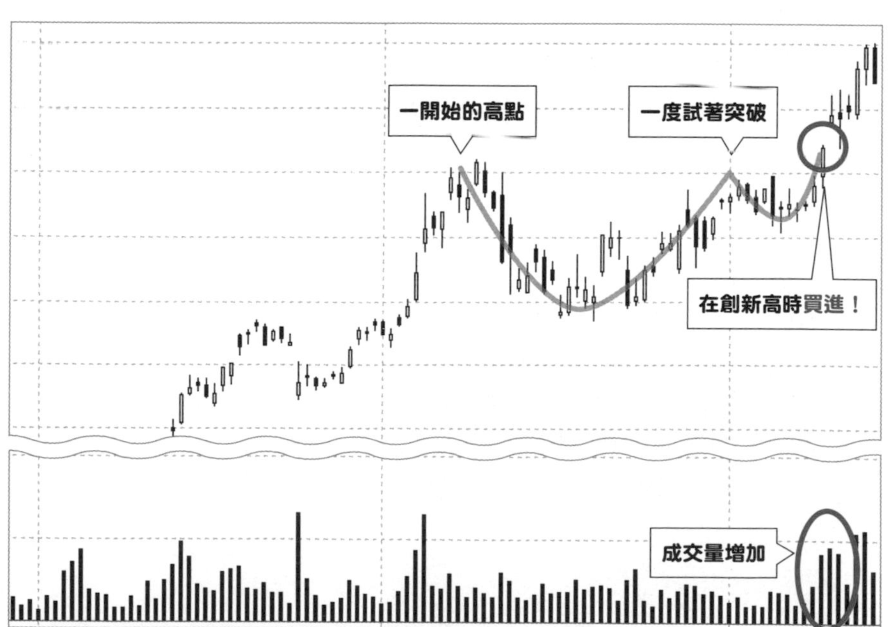

可以清楚地看到杯子的形狀呢！

是的。在股價創新高之後呈現杯柄型的線圖類型非常常見。

找到股價創新高的個股

要找到突破前波高點而呈現杯柄型的個股，方法是「**在線圖工具軟體中登錄創新高個股的名單**」。

找到股價創新高之後向下修正調整的動態，就具備了買進的機會。

原來是這樣啊。還有其他需要注意的點嗎？

我們在98頁也提到過，還是必須要注意突破時的成交量。

■觀察突破時的成交量

在這個買進的時機點，一樣必須要注意突破時的成交量。當股價**伴隨著成交量的上升再次創新高**時，就搭上趨勢來獲利。

另外，確認成交量時也要一併注意業績發表會的結算發表時間，之後再行投資會比較保險。

有時也有「期待業績發表會的結算發表所以股價往上漲，結果隨著發表的結果不如預期而股價暴跌」這樣的情況。就算是採取波段交易，最低限度地確認個股的相關新聞和財務狀況也是不可或缺的。

特別是發表結算數字的時間都是事先決定好的，更應該確認以後再進行投資。關於這部分的內容我們會在200頁做更詳盡的說明。

實戰！買進模式⑨
出現恐慌性拋售時逆勢操作買進！

最後是偏向上級者的「逆勢操作」買進模式。是一種在股價大幅度下跌的位置買進股票的投資戰略。

■注意觀察成交量

以下是顯示出25日移動平均線和25日乖離率的K線圖。此時**應該要注意的是成交量**。

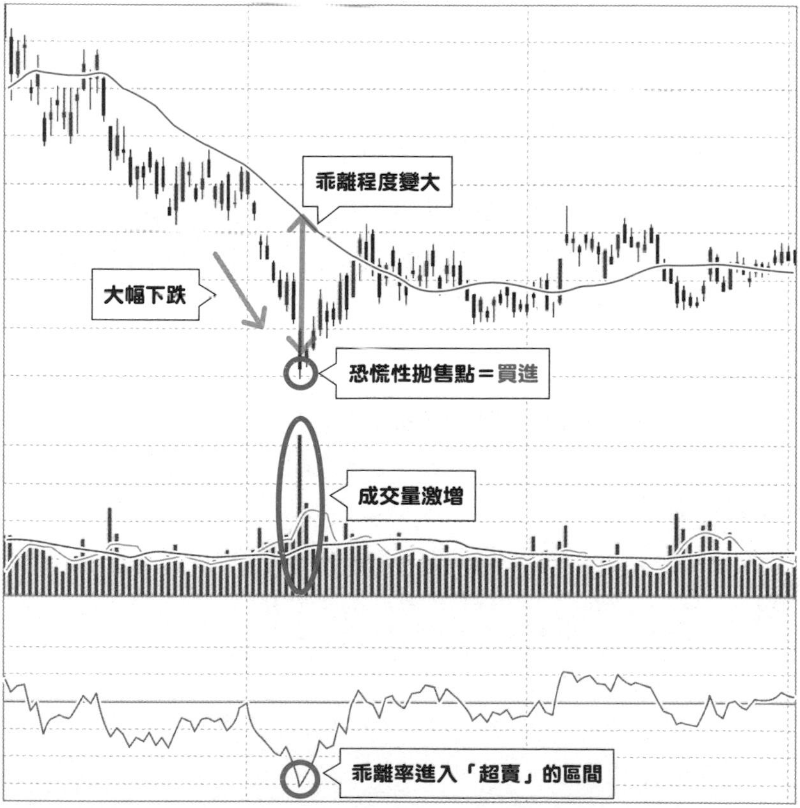

乖離程度變大
大幅下跌
恐慌性拋售點＝買進
成交量激增
乖離率進入「超賣」的區間

有個成交量大幅增加，與移動平均線的乖離變得很大的地方呢。

■瞄準恐慌性拋售的點

如同上一頁的線圖所示，在下跌趨勢的最後股票被大量賣出，使得成交量急速增加。這種局面代表到目前為止一直忍著持續抱著股票的人相繼**「忍耐不下去了」而產生拋售的行為**。

這種情形也稱做**恐慌性拋售**，成交量會膨脹到平常的好幾倍以上，有時股價會從這裡開始反轉。恐慌性拋售的最低點就是買進的時機。

■也要注意下跌的原因

在恐慌性拋售時買進以賺取利潤時，要注意以下的三點：

- **要確認個股的新聞等消息**
- **要確認成交量有無增加**
- **股價再度往下拉回時要執行獲利了結**

要在股價大幅度下跌的過程中買進股票來獲利時，確認「為什麼下跌？」的理由非常的重要。有時是因為公司發生很嚴重的醜聞之類所造成的，搞不好股價會從此一蹶不振。

此外，瞄準恐慌性拋售買進的戰略，是一種在下跌趨勢中買股的戰略。因為**沒有人保證趨勢一定會從那裡開始朝上漲趨勢反轉**，所以一定要設定好目標股價之後再買進股票，**在股價上漲到目標股價的階段時就獲利了結**才是。

另外，關於瞄準恐慌性拋售買進股票時的賣出策略，我們將在185頁做詳盡的解說。

第6天

實戰！可以讓你賺錢的「賣出」訊號！

在學會了買進模式之後，終於輪到賣出模式的學習了。股票的賣出時機是非常困難的。坊間的書籍有很多只花精力在介紹買進的時機，但卻很少說明何時是比較好的賣出時機。透過這次的課程讓我們一起來學習基本的賣出模式吧。

結果股票最重要的是「何時該賣出？」

■比起買進股票，賣出股票更加困難

我們在這裡將一起來看賣出的時機。**股票要賣出之後才算完成一次的交易**。

而比起買進股票，賣出股票的難度更高，因為這很容易影響最終的損益。

在第6天的課程，我們要一邊弄清楚「何時該賣」、「為何要賣」的根據，一邊學習有哪些賣出模式。

會大幅度影響最終損益的其實是賣出戰略。讓我們一起扎實地學習下去。

股票不是買完就算了。反而是**買進股票之後的應對才是勝敗的分水嶺**。

應該什麼時候賣出是很困難的事情呢。不僅是虧的時候，賺的時候也是。

說的沒錯。
要賣出股票時，無論如何都得要計算到底損失了多少，或是到底有多少利潤。
請各位先記住，跟買進的時機相比，其實是**賣出的時機比較困難**。
甚至有投資股票的專家斷言說「股票什麼時候買都一樣，賣的時機才是決定勝負的關鍵」呢。

嗯嗯，原來是這樣啊……

決定所持有股票的賣出時機之所以很困難，是因為：

- **時機會決定損益**
- **在那之後股價會繼續變動**

這兩個主要的理由。

賣出之所以困難的理由① 時機會決定損益

股票在剛買進的時間點並沒有產生所謂的損益。

但是，**在賣出的時候就會在做交易的同時，直接感受到損失、獲利的金額多寡**。這樣就會造成心理上非常大的壓力。

想盡量多減少一點損失，或盡量多增加一點獲利，**買進時不曾考慮過的實際金額會充斥在腦袋中**，因此往往會讓賣出的困難度變得更高。

此外，交易時不要想太多潛在損失或潛在利益比較聰明。

要用「那些不過只是數字罷了」這樣的態度來操作，比較容易能夠導向獲利的結局。

賣出之所以困難的理由② 在那之後股價會繼續變動

要說為什麼賣出股票很困難，果然還是因為在賣掉之後，股價還是會持續變動吧。

在停損之後或是獲利了結之後，如果發現股票突然暴漲會覺得如何呢？我想一定會**感到非常不甘心**吧。

雖然還沒有正式開始做交易，但總覺得能夠體會那種心情呢……要賣出股票感覺真的很困難呢。

就是說啊。但是，**事先知道「賣出是很困難的」這件事也非常重要喔。**
因為知道的話就會考慮要訂定對策。讓我們學習賣出的戰略，慢慢提升技巧吧！

賣出時的三個理由

在什麼情形下兩位會考慮把持有的股票賣出呢？

我想，當然是在已經充分獲利的情況下囉。

反過來，在產生損失的時候也是呢。
發現自己遇到陷阱時，一定要透過停損來將股票賣出不是嗎？

在學習買進模式時，我們注意的是技術指標和線圖類型會告訴我們的「買進訊號」，因此在賣出訊號出現時也應該放開手上的股票對吧？譬如，發現頭肩頂的圖形時……

記憶力很好呢！買進的時候是在覺得「好像會產生利潤」的時機點做買進，但在賣出的時候，一定要考慮「產生利潤時（獲利了結）」和「要做停損時」這兩種狀況。

賣出的時機點基本上是由以下三種概念所構成。
- 到達目標股價時賣出（獲利了結）
- 從基準價格下跌了一定幅度之後賣出（停損或獲利了結）
- 察覺有危機要發生時賣出

讓我們一個一個來看看吧。

賣出股票的時機① 到達目標股價時賣出

這個賣出模式基本上是在獲利了結時使用。獲利了結的賣單究竟應該在何時下單，其實是非常令人感到猶豫的事情。

其中的一個方法是**預先設定好目標股價然後在到達時賣出**。此時**使用**「當漲到○○日圓時就賣出」的**限價委託**會很方便。

決定目標股價的方法有像是事先決定好「當股價比買價漲了10%就賣出」這樣的形式，也有根據每筆交易的狀況做決定的方法，像是「因為看起來會上漲到這附近，所以就在這裡做獲利了結」。

可以使用在139頁學過的**限價委託**呢。

是的。
決定目標價格的方法還有很多，之後我們會更詳細地學習。

賣出股票的時機② 從基準價格下跌了一定幅度之後賣出

設定好「基準價格」，從那個價格下跌一定幅度的話就賣出的一種想法。這個想法在獲利了結和停損兩方面都適用。

舉例來說，將基準價格設定成「買進後的最高價」來思考看看。

如果用「在買進後的最高價 − X 日圓時賣出」這樣的**移動停損單（請參照144頁）來預先下單**的話，就沒有去斟酌買賣時機點的必要。因為移動停損單是股價往上漲的話，賣出的股價也會隨著漸漸上漲的下單方法，所以想要獲利了結或停損時兩邊都能對應。

接下來是將「買進的價格」設成基準點的例子。這個賣出模式是在**停損時使用**。

例如，設定像是「買進股價－4%」這樣的條件，使用**停損市價單**。

使用這個方法的話，就可以事先設定好一次波段交易中的最大損失範圍。

如果不事先決定好最大的損失範圍，譬如10%、20%的話，最糟糕有可能在一次的交易中出現無法挽回的損失，使自己暴露在危險之下。因此這個方法可以有效避免這樣的問題。

事先決定好最大損失的範圍之後，預先下好停損市價單的話，就能夠把損失壓在最大損失的範圍之內。

決定好最大損失的金額後事先下停損的市價賣單就可以了吧？

是的。
先用停損市價單下單的話就能夠放心了。
不預先控制好一次交易的最大損失金額的話，在波段交易中是無法獲勝的，一定要注意喔。

賣出股票的時機③ 察覺有危機要發生時賣出

在線圖類型和技術指標的章節，我們已經學習過買進的訊號，同時也學過賣出的訊號。一般認為「當賣出訊號出現時就賣出」的方法也能當作賣股方法的一種多加利用。

剛才，大川君也提到了「發現頭肩頂的圖形時就賣出」，類似這樣感覺到有危險時就賣出的做法是很重要的。
也就是在目前為止所學到的技術指標等，**發現「在這種情況下就是賣出訊號」的時候**。

到目前為止所學到的線圖分析都很受用呢。
因為只要先努力學好線圖分析的話，就能**察覺危險早點將股票賣出**呢。

就是這樣沒錯。兩位都比剛開始上課的時候成長了非常多呢。

嘿嘿嘿。但這次「察覺危險時就賣出」這樣的模式，對無法常常盯著股市行情看的我和真理子前輩來說不是很困難嗎？

比起「下跌一定幅度後就賣出」的模式，以及到達目標股價後就賣出的限價委託來說，感覺上好像難度比較高，不過可以**每天回家後再觀察線圖，一邊修正下單一邊應對**喔。

假設想好在跌破5日移動平均線之後就賣出股票，於某天下了張「價格在500日圓以下時賣出」的停損單，隔天因為移動平均線上升，所以就將價格修正成在503日圓以下時賣出，類似這樣的做法。

也就是說，**手上持有股票的時候，只要每天觀察市場行情調整應對**就好囉？知道了！

POINT

賣股的方法大致上分成三種模式。

- **從基準價格下跌了一定幅度之後賣出**
- **到達目標股價時賣出**
- **符合賣出模式時賣出**

只要把這三種模式當作基本，然後搭配組合來使用就可以了。搭配組合的模式範例，會在下一頁開始具體說明。

實戰！賣出模式①
到達關卡就賣出！

從這裡開始，我們要實際用線圖來了解各種不同的賣出模式。
賣出模式跟當初買進的時間點有很重要的關係，所以讓我們把「買進股票～賣出股票」的整體流程一起學起來吧！

「買進股票～賣出股票」的整體流程嗎？
真令人期待，不知道學習跟不跟得上。

不需要在看完一次後就全部學會也沒關係喔。
總之請先試著整個學過一遍，在那之後再照著自己的步調慢慢學習就可以囉。

■決定目標股價，在那個目標股價賣出

讓我們來看看決定目標股價，然後在那個目標股價賣出的方法。下方的線圖是買賣的例子。

知道這是買在什麼時機點嗎？

喔！這個是在「拉回點買進」的時機（請參照157頁）買的對吧!?

答對了。
這個圖形是很典型的買進模式呢。
那麼，思考看看「該在哪裡賣出」。
股價上升時，會漲到哪裡呢？
觀察過去的股價變化，似乎可以把最近一次高點的525日圓附近當作是一個關卡。

■在到達關卡前的地方賣出

那麼，考慮在525日圓的關卡下限價委託的賣單就可以了吧？

靠近關卡附近的股價變化有可能會變得比較緩慢，因此在關卡稍低一點的地方做限價委託的賣單就好了。
當然，也別忘了下停損市價單來做停損，這是非常重要的喔。

因為在關卡時，股價經常會被拉回，所以當關卡是525日圓時，預計在525日圓附近股價就會停止上漲。

只要考慮比525日圓稍微低一點的地方，譬如用523日圓的限價下賣單就OK了。

■考慮是否有足夠的價差再買進

最重要的是在買進時，要先考慮過「現在買進股票，**在到達525日圓的關卡之前就賣出是否有充分的價差可以賺**」之後再進行投資。

考慮停損時的股價和獲利了結時的股價之間的關係時，如果不是在

- **到停損點的價差＜到獲利了結點的價差**

的狀態下，就應該認為這筆交易是沒有好處的。

前頁的線圖中買點的股價大約是410日圓，在523日圓賣出的話能夠獲得27%以上的利潤，可以說十分有投資的價值。但如果是在500日圓買進的話呢？

在500日圓買進的話利潤將變得非常少，可以說是有點食而無味的投資。

■被當作關卡的股價

這次範例是將前次的高點當作關卡來判斷。以下這幾個股價都可以當作關卡使用。

- **以前的高點**
- **曾經多次買賣的股價**
- **多次碰到它就拉回的股價**
- **「剛好1,000日圓」像這樣呈現整數的股價**

POINT

股價往上漲時，常常會在關卡時停住。

先抱持著「股價的變動在逼近關卡時就會放緩」的想法，在到達關卡前低一點的股價就考慮獲利了結才是上策。

另外，應該在買進股票前就先考慮「到獲利了結點的價差」和「到停損點的價差」何者較大。

如果不是「到停損點的價差＜到獲利了結點的價差」的話，就會變成是食而無味的交易。

實戰！賣出模式② 根據線圖類型算出目標股價後賣出！

■從頭肩底計算出目標股價

接下來我們要學習利用線圖類型的賣出模式。

具體來說，是一種透過**使用線圖類型來決定目標股價，然後在那個價格下限價委託單**的方法。下方的線圖是在突破的時機點買進股票，讓我們來思考看看。

是在頭肩底的突破時機點（請參照83頁）買進呢！

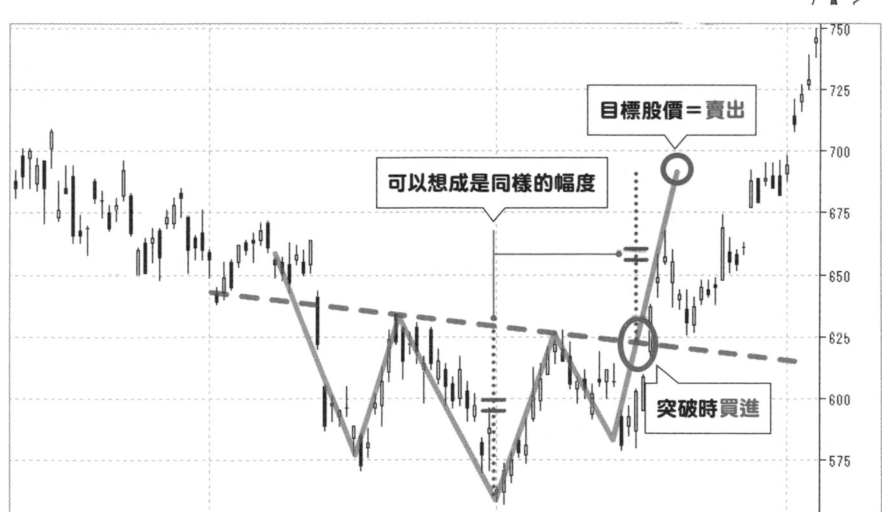

另外，還能透過頭肩底的線圖類型來計算出賣出的目標股價。上漲的標準幅度是從頸線到最低價的價格。在買進的位置往上漲同樣幅度的地方考慮獲利了結就可以了。

原來如此。這很簡單呢。

的確，在決定了獲利了結的目標股價後只要下好限價委託單就好，所以相當淺顯易懂。
但是，在到達獲利了結的股價之前有沒有會形成關卡的股價存在，這點也要先做確認喔。

原來如此，在獲利了結的目標股價前，不要有關卡比較好對吧。

■無法大幅獲利的賣股方法

是的，就是如此。
附帶一提，這次的方法雖然優點是容易理解，但卻是無法大幅獲利的賣股方法。

咦？為什麼呢？

一開始就決定好獲利了結的目標股價的話，即使是在上漲趨勢持續走強、形成大漲時，也很可能在大幅上漲之前就已經獲利了結。
也就是說在下了獲利了結的限價委託單時，最大的利潤就已經固定了。

如果使用下一頁要介紹的「慢慢提高目標股價的賣股方法」的話，就有可能在一次的交易中獲得更大的利潤喔。

「決定好獲利了結的目標股價後丟出限價委託單」這樣的賣出模式的確是很容易理解，但各位也要先了解一件事，那就是即使在那之後股價大幅度上漲，也會在上漲之前就獲利了結。

雖然沒辦法在一次的交易中獲取很大的利潤，但透過**反覆操作「停損幅度＜獲利了結幅度」**這樣的方式，最終還是能夠獲得勝利。

6-05 實戰！賣出模式③ 「噴出」或「跌破」就賣出！

緊接著是在上漲趨勢中配合股價上升而拉高獲利了結的價位，當上漲趨勢崩壞時就賣出股票的模式。如果操作順利的話將能獲取非常大的利潤。

■配合股價上漲拉高獲利了結的價位，當趨勢崩壞時就賣出

在這裡介紹的方法，是搭上上漲趨勢瞄準獲利時，希望請大家務必要考慮使用的賣出方法。

例如在上方線圖紅圈的時機買進股票時，可以用以下的兩個條件來搭配下限價委託單和停損單（要設定為多少%須根據不同的個股做變更。覺得不錯的值要配合個股分別使用）。

- 股價與25日移動平均線產生大約8%乖離上漲時就賣出
- 股價跌破25日移動平均線8%時就賣出

當然，移動平均線的位置每天都會變化，因此手上持有股票的期間每天都要變更限價的設定。

你們知道這樣的賣股方法會有什麼好處嗎？

嗯……當股價大幅度偏離移動平均線往上漲時，就能夠在那個急漲的地方將股票脫手。

沒錯。這個方法也有**能在急漲的地方獲利了結的好處**。與此同時，**如果股價和移動平均線一起往上漲的話，就能夠期待賣出的股價也跟著漸漸往上漲**。
換句話說，若能順利搭上上漲趨勢的話，也可能在一次的交易中就獲得相當大的利潤。

■根據不同的狀況，有時能夠獲取很大的利潤

•股價與25日移動平均線產生大約○%乖離上漲時就賣出

讓我們來看看這樣的下單方法。股價上漲是很令人高興的事情，但要是股票被買到「超買」的價位，一般認為之後股價還是有可能會被拉回到沒被超買時的價位。

這次的賣出模式因為是在股價大幅度偏離移動平均線的階段就做獲利了結，因此也能成為應付超買時的對策。

請看下一頁的線圖。股價K線大幅度偏離移動平均線往上漲時就會被賣出。
此時，成交量也會暴增。搭上上漲趨勢，盡可能地拉高獲利，之後在好的時機點賣出逃跑。

感覺很有夢想耶～！

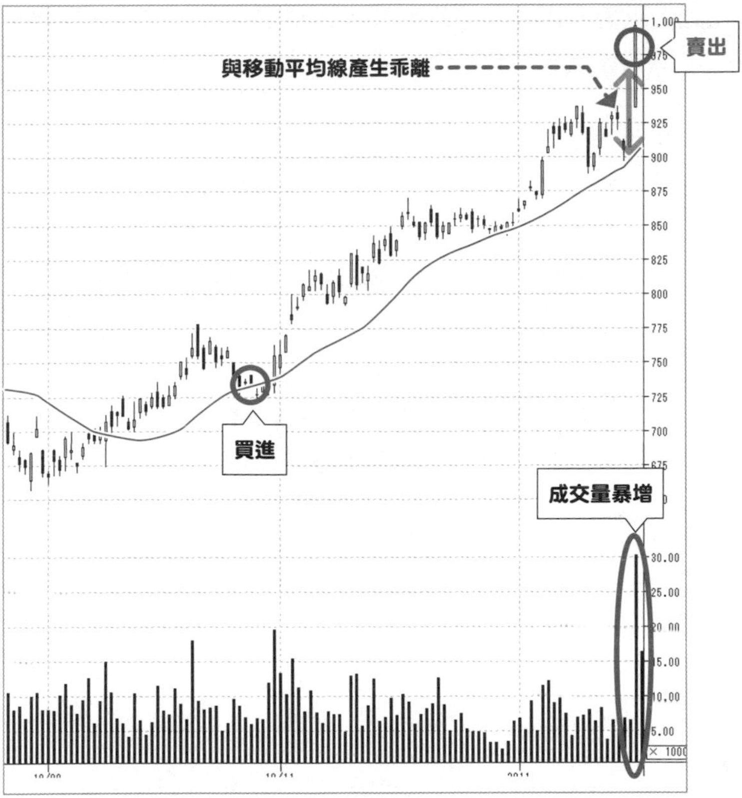

與移動平均線產生乖離

賣出

買進

成交量暴增

雖然在這個例子中順利地獲利了結出場，但當然如果判斷趨勢已經崩壞時，在那裡做停損是很重要的。那就是剛才所搭配的另一個賣出的條件。

■趨勢崩壞時可以賣出

• 股價跌破25日移動平均線◯%時就賣出

讓我們來看看這樣的下單方法。股價跌破移動平均線時賣出，意思就是**在感覺到上漲趨勢可能崩壞的階段就把股票賣出**。

反之，就算上漲如牛步一樣慢，但只要上漲趨勢沒有崩壞的話，停損單的股價也會緩緩地往上升。

之前是推薦大家在停損的時候使用停損單，但在這次的賣出模式中，**根據股價和移動平均線的上漲，停損值也會跟著上漲**。

怎麼這個……感覺好像跟移動停損單（請參照144頁）很類似呢？

這個不像移動停損單是以最高點為基準，而是以移動平均線為基準，所以是使用停損單（限價委託）。

雖然跟移動停損單的概念相同，但賣出的底線不是單純以「最高價－X%」決定，而是**以股價的K線與移動平均線的乖離率為基準，來決定停損的股價，這是重點**。

雖然複雜，但優點感覺很多呢！

只要像這次的情況使用

・**大幅度上漲時賣出**

・**趨勢崩壞的可能性出現時賣出**

這樣搭配複數的下單方法，就能在上漲趨勢中盡可能地拉高獲利，也更容易實現損失要小、利潤要大的目標喔！

實戰！賣出模式④

從逆勢操作買進的價位回到原本股價時就賣出！

■不要太貪心，回到原本股價就賣出

最後，我們要來看的是在逆勢操作買進股票的賣出模式。逆勢操作買進股票的模式就像我們在167頁所學的，是在股價大幅度下跌時做買進的戰略。請先看看下面的線圖。

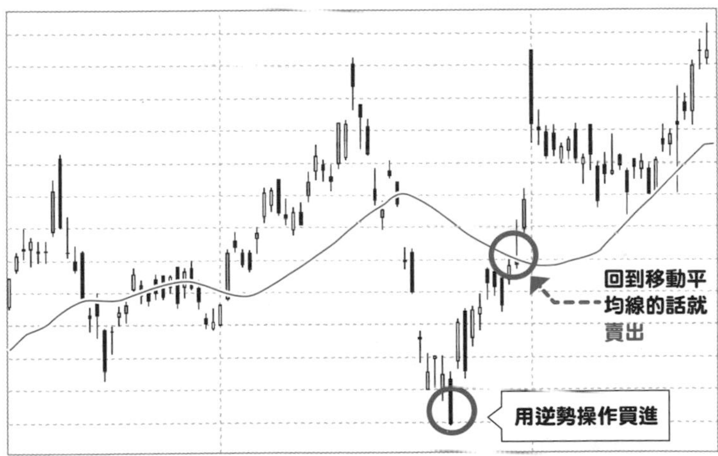

上面的線圖是利用逆勢操作買進，然後在回到移動平均線附近的階段獲利了結。

啊！好可惜啊！明明會漲更多，應該要盡量把利潤再往上拉高的對吧？損失要小利潤要大！

這次的確是在賣出之後股價還是持續地往上漲，但鎖定逆勢操作做買進時，也很常看到之後卻被捲入下跌趨勢的洪流這樣的情況。

的確老師之前有說過「損失要小利潤要大很重要」，但在第5天的課程好像也說了「低買高賣是很困難的」……

記得真清楚呢。
在逆勢操作時，就算利潤的幅度較小，也要優先考慮風險提早脫手才安全。**提高勝率來獲利是逆勢操作的投資基本原則喔**。

這麼一說，我們在第5天的課程已經學過了，
在做波段交易時應該是要用
・在高點買進，在更高點賣出
・在低點買進，在變得沒那麼便宜時賣出
這兩個的其中一個來思考才對！

那我剛才也講過了！

■在逆勢操作時也要適當地考慮勝率

損失要小利潤要大是在波段交易中很重要的事情，但**在逆勢操作時，需要適當地考慮勝率**。

逆勢操作很多時候會被捲入下跌趨勢中，因此**稍微提早做獲利了結的話，就有機會提高勝率**。總之，一定要想辦法避免**因為太晚做獲利了結最後造成很大的損失**這樣的結果。

附帶一提，只要持有股票，總會有曾經看到潛在獲利，之後卻不得不停損的時候，在這樣的時機要做到停損總是非常的困難。

因為只要**一度看見潛在獲利，就很容易會想說「至少要等到不賺不賠時再賣出」**。

但是，如果做不到停損的話就無法在波段交易中獲利。因此就算覺得不想做，也要在應該停損時確實執行停損，這是非常重要的事。

第7天

為了不在股市失敗所需要的準備

本日是最後一天，我們將學習為了賺錢所需的概念和確實有用的祕訣。在股票投資的波段交易中，一點點的差異就能造成損益上極大的不同。
就算用頭腦理解了，在實際投資的階段還是有很多困難的地方。讓我們好好學習，以成為投資勝利組為目標吧！

7-01 在實際開始投資股票前學習需要的知識

終於本書只剩下最後一點篇幅了。兩位都成長了非常多呢。在最後一天的課程，我們要學習的是讓每次交易產生些微差異、避免失敗的重點。

些微的差異啊……其實我想知道的是有衝擊性效果的祕訣啊～

根據每個人的狀況不同，也有可能會變成有衝擊性效果的祕訣喔。

而且，其實些微的差異會在最後造成很大的不同，這件事情也要謹記在心。

在累積大量交易的波段交易中，只要改善0.1%的些微獲利率，最後就會產生數萬日圓或是數十萬日圓的效果，這種事也毫不稀奇。

好！我要努力熟練今天的課程內容，目標是成為億萬富翁！

■一起來學習在交易中會產生些微差異的祕訣！

在第7天的課程中，我們要介紹的是在實際投入波段交易之前，希望各位先知道的重要事項。

主題不僅包括線圖分析，還會解說事前所該學會的概念等，請務必當做是最後的衝刺往下學習。

確認整體的市場規模

之前也向各位說明過，掌握欲投資個股的成交量變化是很重要的事，但其實不僅僅是個股的成交量變化重要而已。
因為當整體市場往上走的時候，股票買賣也會變得更活絡。

■整體市場的狀況也會影響到個股

掌握整體市場的狀況在操作波段交易時也是很重要的事情。

譬如整體市場有上漲的傾向，多數人對買進股票呈現樂觀態度的話，就算多少有一些不好的新聞傳出，股價可能也不會大幅度地下跌。

另一方面，如果整體市場呈現下跌傾向，散發著一股悲觀的情緒時，就算有好消息傳出，買單可能也不會進來。

舉極端點的例子來說，發生恐怖攻擊或天災之類的事件、意外事故時，股價是很難往上漲的。在投資個股的時候，請記得預先調查最近的成交量和成交值的趨勢，了解整體市場是不是處在過熱的情況，這是投資時很有效的手段。

有市場整體的成交量嗎？

有喔。例如有東證一部全部個股的成交量，也能使用成交值的變化來觀察整體市場。

Column 觀察「東證一部成交值和股價變動」之間的關係

要觀察整體市場行情時，使用日經平均指數或TOPIX等指標是很方便的。

日經平均指數和TOPIX可以說是整體市場的溫度計。

此外，當日經平均指數大幅上漲時，也要一併確認東證一部的成交值。

若是隨著市場行情上漲，東證一部的成交值也很活絡的話，可以預測之後股價走強的力道也會很大。

反之，好不容易市場行情上漲，結果成交值卻沒有跟著往上升的話，常見的情形是股價有可能馬上趨於平穩。

■推測整體市場在升溫的標準

要到多少的成交值才能夠認為是整體市場過熱了呢？

這會隨著不同時期而變化，因此必須要**相對觀察**。

例如，原本東證一部的成交值約在3兆日圓前後持續徘徊，之後變成2兆5000億日圓的話就是「成交值減少了」，如果東證一部的成交值一般都是低於2兆日圓時，變成2兆5000億日圓的話就是「買賣增加了」。

POINT

就算是交易個股的波段交易，也有必要確認整體市場的成交量和成交值大約有多少。

在交易時，要去觀察東證一部的總體成交量和成交值等指標，以判斷市場是否過熱。

波動太大或是太平穩都是禁忌！找到「股價波動剛剛好」的個股來一決勝負吧！

■ 操作一定程度上價格變動激烈的個股

因為波段交易是一種在數天到數週間獲利的投資風格，所以必須操作在數天到數週之間股價會變動，換句話說，**一定程度上股價變動足夠激烈的個股**才行。

一般來說新興市場個股的股價變動會偏向激烈，但話說回來，要是嘗試持有變動過於激烈的個股，會很容易碰到要停損的股價。

要如何找到股價變動不會太激烈，但又不會太和緩的個股呢？

好問題。首先讓我們來學習「波動率」這個名詞吧。

■ 學習波動率

想要表現個股變動了多少、股價變化的激烈程度時，有個名詞叫做**波動率**。簡單來說就是把**股價的震盪幅度稱之為波動率**。

波動率高和低的個股

波動率高的個股，股價的變動比較激烈，新興市場等等的就是屬於這樣的股票。

另外，**波動率低的股票相對來說比較能夠安心持有，但也等於在波段交易中難以獲利**。找到擁有適當波動率的個股，可以說是賺錢的必要技巧。雖然也有可以算出波動率的計算公式，但我們在這裡要向大家介紹的是，如何輕鬆**掌握股價變動大致上的激烈程度**。

從線圖的刻度來掌握股價變動的激烈程度

請看以下的兩個線圖。

● 線圖①

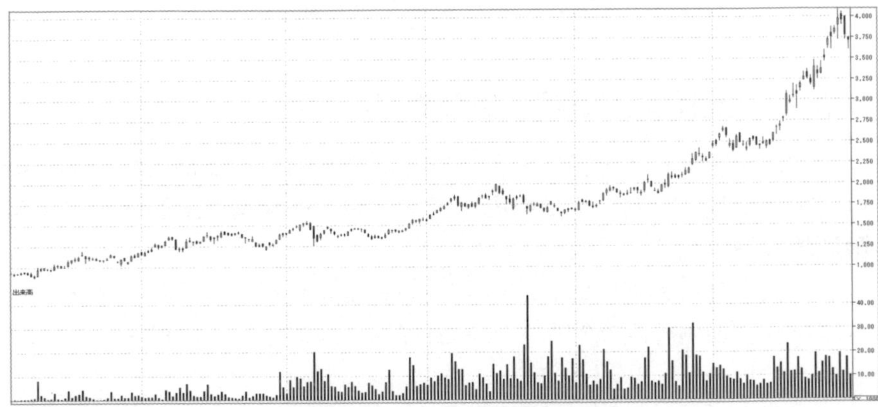

● 線圖②

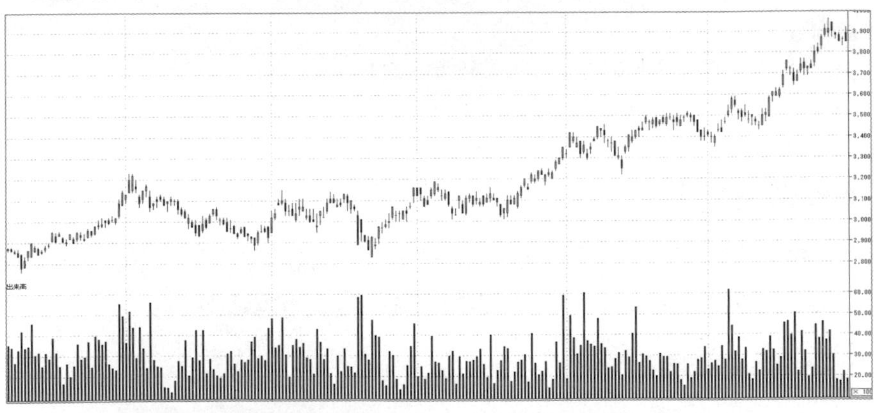

兩個線圖都是期間為6個月的線圖，股價約在4,000日圓左右。或許乍看之下同樣都是往右上走的線圖，波動率也看不出明顯的差別，但讓我們來看看線圖右方的股價刻度。線圖①的股價刻度是從1,000日圓到4,000日圓。刻度範圍有3,000日圓，以最下面的刻度1,000日圓為基準來計算的話，線圖①是：

● **3,000÷1,000≒300%**

線圖②的股價刻度又是如何呢？

線圖②的股價刻度是從2,800日圓到4,000日圓，所以有1,200日圓的刻度範圍，從最下面的刻度2,800日圓來計算的話是：

- 1,200÷2,800≒43%

這樣一來已經知道了吧。

在線圖①和線圖②的案例中，能夠憑感覺大概抓到「線圖①的**波動率比較高**」的結果。

在這裡所介紹的方法，雖然不是計算正確波動率的方法，但能夠利用過去股價的動態來知道變化激烈的程度。

原來是這樣。好像也能抓出自己所擅長的股價變動大約是多少呢。

POINT

波動率是能顯示股價的變動有多激烈的指標。

波動率高的股票代表股價的變動很激烈，波動率低的股票代表股價的變動很和緩。

在數天到數週間獲利的波段交易，基本上得選擇有一定程度波動率的個股來做交易，但如果波動率太高的話很容易碰到要停損的股價。

在這裡介紹的雖然不是波動率的正確計算方法，但只要使用線圖的股價刻度，大概掌握對您來說多少的波動率才合適就可以了。

如果對選擇個股感到迷網時……

■ 對選擇個股感到迷網時……

我們說過在使用線圖分析做投資判斷的**波段交易中，選擇交易的時機比選擇個股還要來得重要**，但即使如此，也不是什麼個股都可以。

應該選擇怎麼樣的個股比較好，相信很多人會對此感到迷網。因此在這裡我們整理了以下這三個重點：

- **最起碼應該避開的個股選擇重點**
- **個股的找尋方法範例**
- **可以用於投資判斷的資訊的基準**

讓我們針對選股方法、資訊使用方法來學習。

■ 最起碼應該避開的個股選擇重點

不僅僅是針對波段交易，股票投資時**最應該要避免的就是所投資公司的倒閉風險**。

最壞的情況下，投資下去的金額可能會全部血本無歸。

以下我們會介紹避免投資到倒閉風險很高的企業的方法。另外，在這裡介紹的案例若是**使用公司四季報**效率會更好，推薦大家使用。

選擇不在監理個股或整理個股名單上的股票

日本證券交易所的規則是，如果有抵觸上市基準的疑慮就會被列入「**監理個股**」名單當中，如果確定將會下市就會被列入「**整理個股**」名單當中。

※註：日本的監理個股和整理個股，對應台灣的情況為「全額交割股」和「終止上市個股」。

監理個股或整理個股的名單會被列在四季報的最後面。一定要**極力避免投資監理個股和整理個股**。

但是，也有很多即使被列在監理個股名單當中，買賣卻很熱絡的情形。這主要是因為當被移出監理名單時，股價暴漲的情形也經常發生。

只是，如果真的倒閉了可是連一毛錢都拿不回來的。成交量的概念雖然很重要，但選擇不會倒閉的公司更重要。監理個股或整理個股的一覽表會被刊載在四季報的最後面。

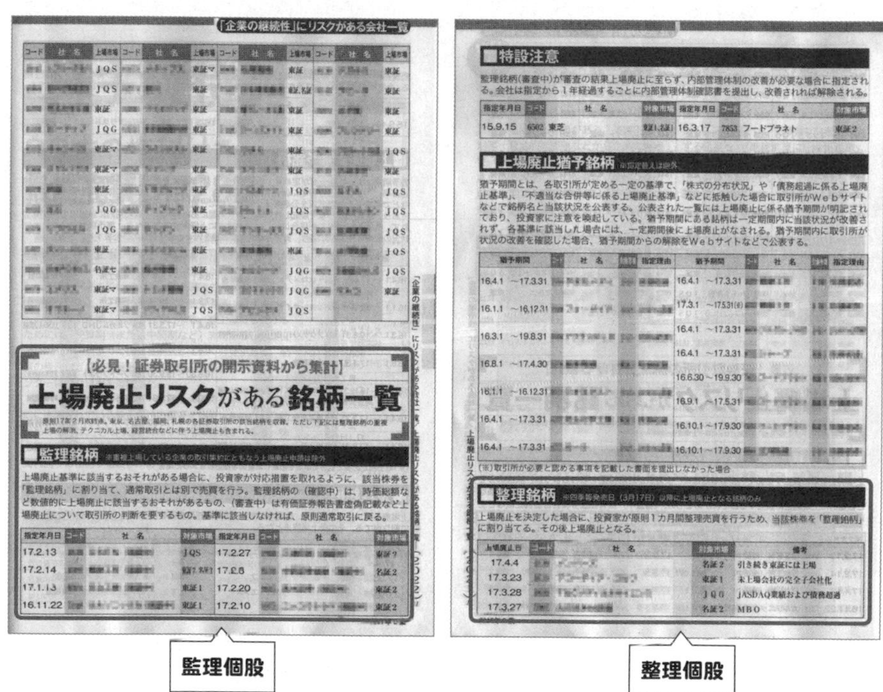

「企業の継続性」にリスクがある会社一覧

【必見！証券取引所の開示資料から集計】

上場廃止リスクがある銘柄一覧

■監理銘柄

上場廃止基準に該当するおそれがある場合に、投資家が対応措置を取れるように、該当株券を「監理銘柄」に割り当て、通常取引とは別で売買を行う。監理銘柄の（確認中）は、時価総額など数値的に上場廃止に該当するおそれがあるもの、（審査中）は有価証券報告書虚偽記載など上場廃止について取引所の判断を要するもの。基準に該当しなければ、原則通常取引に戻る。

指定年月日	コード	社名	対象市場	指定年月日	コード	社名	対象市場
17.2.13	[illegible]	[illegible]	JQS	17.2.27	[illegible]	[illegible]	東証?
17.2.14	[illegible]	[illegible]	[illegible]	17.2.8	[illegible]	[illegible]	名証2
17.1.13	[illegible]	[illegible]	東証1	17.2.20	[illegible]	[illegible]	東証2
16.11.22	[illegible]	[illegible]	東証1	17.2.10	[illegible]	[illegible]	東証2

■特設注意

監理銘柄(審査中)が審査の結果上場廃止に至らず、内部管理体制の改善が必要な場合に指定される。会社は指定から1年経過するごとに内部管理体制確認書を提出し、改善されれば解除される。

指定年月日	コード	社名	対象市場	指定年月日	コード	社名	対象市場
15.9.15	6502	東芝	東証1、名証1	16.3.17	7853	フードプラネット	東証2

■上場廃止猶予銘柄

猶予期間とは、各取引所が定める一定の基準で、「株式の分布状況」や「債務超過に係る上場廃止基準」、「不適当な合併等に係る上場廃止基準」などに抵触した場合に取引所がWebサイトなどで銘柄名と当該状況を公表する。公表された一覧には上場廃止に係る猶予期間が明記されており、投資家に注意を喚起している。猶予期間にある銘柄は一定期間内に当該状況が改善されず、各基準に該当した場合には、一定期間後に上場廃止がなされる。猶予期間内に取引所が状況の改善を確認した場合、猶予期間からの解除をWebサイトなどで公表する。

猶予期間	コード	社名	市場	指定理由	猶予期間	コード	社名	市場	指定理由
16.4.1 ～17.3.31	[illegible]	[illegible]	[illegible]	[illegible]	16.4.1 ～17.3.31	[illegible]	[illegible]	[illegible]	[illegible]
16.1.1 ～16.12.31	[illegible]	[illegible]	[illegible]	[illegible]	17.3.1 ～17.5.31(※)	[illegible]	[illegible]	[illegible]	[illegible]
16.3.1 ～19.8.31	[illegible]	[illegible]	[illegible]	[illegible]	16.4.1 ～17.3.31	[illegible]	[illegible]	[illegible]	[illegible]
16.8.1 ～17.4.30	[illegible]	[illegible]	[illegible]	[illegible]	16.4.1 ～17.3.31	[illegible]	[illegible]	[illegible]	[illegible]
16.1.1 ～16.12.31	[illegible]	[illegible]	[illegible]	[illegible]	16.6.30 ～19.9.30	[illegible]	[illegible]	[illegible]	[illegible]
16.4.1 ～17.3.31	[illegible]	[illegible]	[illegible]	[illegible]	16.9.1 ～17.5.31	[illegible]	[illegible]	[illegible]	[illegible]
16.4.1 ～17.3.31	[illegible]	[illegible]	[illegible]	[illegible]	16.10.1 ～17.9.30	[illegible]	[illegible]	[illegible]	[illegible]
					16.10.1 ～17.9.30	[illegible]	[illegible]	[illegible]	[illegible]

(※)取引所が必要と認める事項を記載した書面を提出しなかった場合

■整理銘柄

上場廃止を決定した場合に、投資家が原則1カ月間整理売買を行うため、当該株券を「整理銘柄」に割り当てる。その後上場廃止となる。

上場廃止日	コード	社名	対象市場	備考
17.4.4	[illegible]	[illegible]	名証2	引き続き東証には上場
17.3.23	[illegible]	[illegible]	東証1	未上場会社の完全子会社化
17.3.28	[illegible]	[illegible]	JQG	JASDAQ業績および債務超過
17.3.27	[illegible]	[illegible]	名証2	MBO

監理個股　　整理個股

會發放股利的企業突然倒閉的可能性很低

一般認為一間會持續發放股利的企業，**公司突然倒閉的可能性很低**。這是因為，如果財務狀況已經被逼到山窮水盡的話應該無法發放股利才對。

接下來的圖片是在公司四季報中顯示有沒有發放股利的欄位。

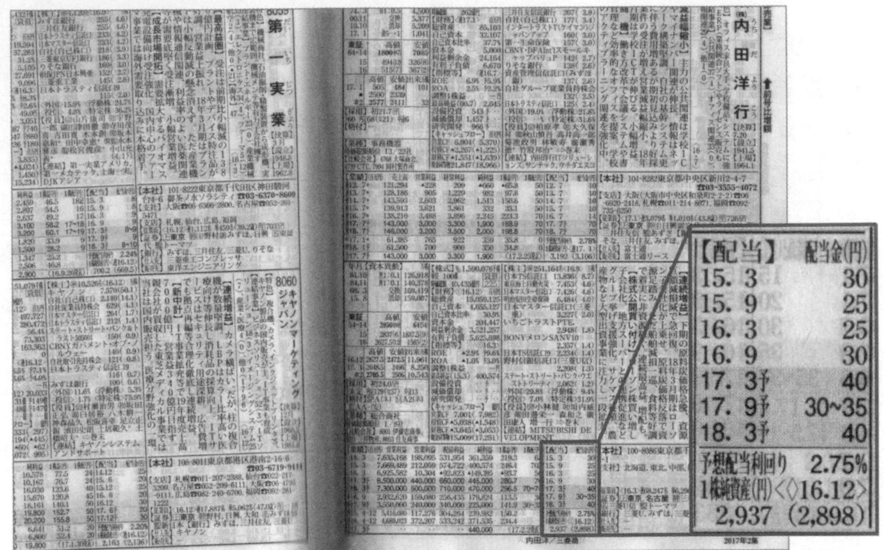

【配当】	配当金(円)
15. 3	30
15. 9	25
16. 3	25
16. 9	30
17. 3予	40
17. 9予	30~35
18. 3予	40

予想配当利回り 2.75%
1株純資産(円)<◇16.12>
2,937 (2,898)

※股利的日文為「配当」

累積盈餘不是負數

在四季報的**財務欄中有個顯示累積盈餘的欄位**。比起在這裡**顯示為▲（代表負數）**的個股，累積盈餘為正值的個股比較不容易有倒閉的危機。下圖是四季報的財務欄中，記載了累積盈餘的案例。

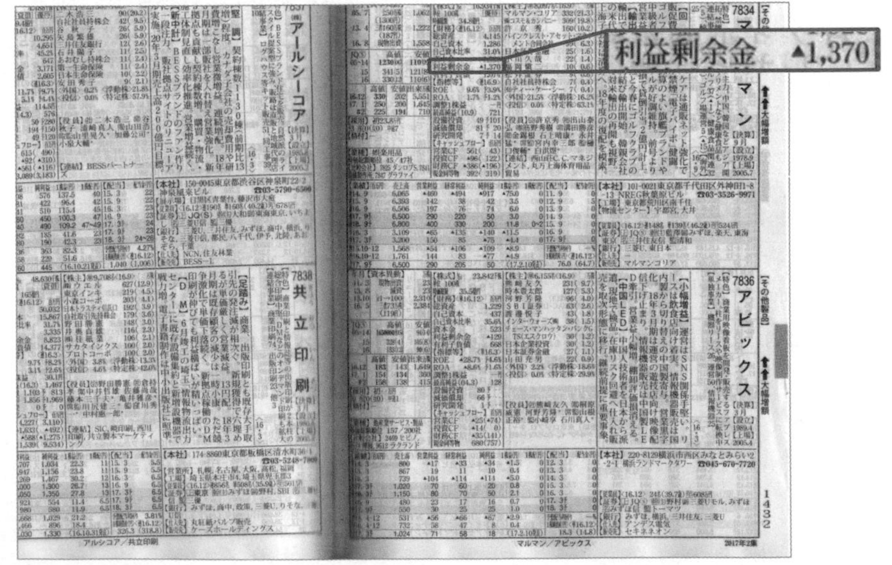

利益剰余金 ▲1,370

※累積盈餘的日文為「利益剰余金」

沒有被標註為繼續經營假設的公司

俗稱**繼續經營假設**，標記為GC（Going Concern）。當發生債務過多等財務上的問題時，公司有義務在有價證券報告上標註「以繼續經營企業為前提的標註」或「以繼續經營企業為前提的相關重要事項」。

這些註記也被**標示在四季報中的個股欄位或統一記載在四季報最後**，看到這種標記的個股時盡量避開比較安全。

自己投資的個股突然破產或被停止上市的情況並不那麼常見。

所以，也有投資人認為「遇到那樣的個股就跟遭逢事故一樣是沒辦法的事」。

但是，避開這些股票比較好這點是毫無疑問的。因此就算只記住我們所介紹的方法中的一兩個，也能較容易避開破產風險高的個股。

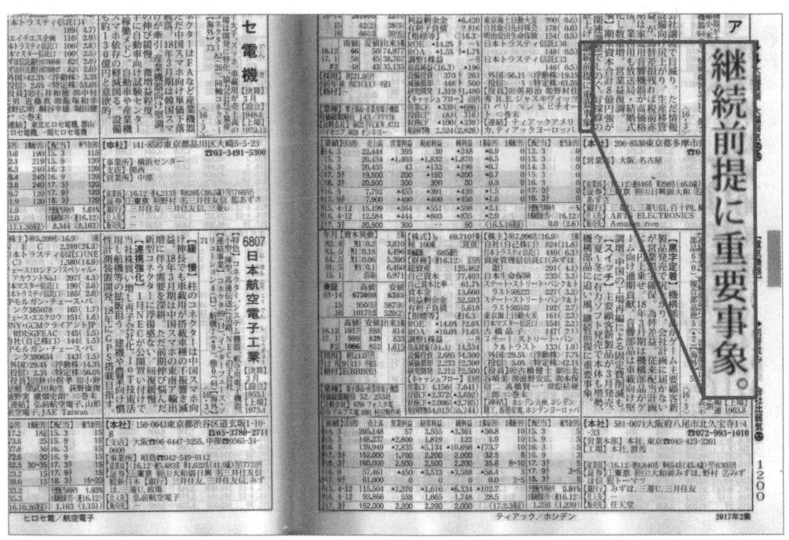

■ 個股的找尋方法範例

各位已經理解挑選交易個股的最低條件了嗎？

接下來讓我們來看看應該如何找尋適合的個股標的。

找尋欲交易的個股有各式各樣的方法，在這裡我們會針對：

- **利用網站來搜尋**
- **利用證券公司的線圖工具軟體來搜尋**

這兩種方法來做介紹。

利用網站來搜尋

在搜尋個股時可以作為參考的網站有很多。

例如有個叫做Tradersweb（http://www.traders.co.jp）的網站。這個網站中有關：

- **創新高的個股**
- **上漲率排行榜**
- **成交值排行榜**
- **產業別的升降比率排行榜**

等等的資訊非常充實，在找尋個股時非常有幫助。

除此之外，在網路上還有很多在選擇個股時非常有參考價值的網站。先在網路上搜尋有什麼樣的網站，然後找看看自己喜歡的網站吧。

利用證券公司的線圖工具軟體來搜尋

在選股上下很多工夫的工具軟體有很多。

有的可以使用成交量激增的條件來查詢個股，也有的公司準備了可以用技術指標來搜尋個股的線圖工具軟體。

例如：

- **RSI在30以下**

可以用這樣的條件來做搜尋，符合條件的個股就會被列出來，也有過濾的功能等等。

另外，線圖工具軟體的優點就是能**將喜歡的個股登錄到自己的觀察名單**中。

不用每次都重新搜尋，只要把自己預計要交易的股票事先放到觀察名單中，就能夠輕鬆確認股價的狀況。

在選擇交易的證券公司時，一般來說常常會去比較手續費和有沒有自己想使用的下單方法等，但最好也比較過所提供的線圖工具軟體好不好用之後再做選擇。

實際交易時使用的證券公司，跟使用的線圖工具軟體的證券公司不一樣也沒有關係。

■可以用於投資判斷的資訊的基準

每天都有關於股票的資訊從網路或雜誌上發送出來。

從有用的資訊到奇怪的內容，以及某些人刻意放出的資訊等等，到處都充斥著各種資訊。結果不知道該聽信哪些資訊才好，被資訊的大海淹沒的投資人比比皆是。

每次交易所參考的資訊來源都不相同的話，收益也有可能會變得不穩定。

我們必須在交易時選擇真正對自己有用的資訊，或是只篩選出利用價值高的資訊。

在猶豫不知道該採用什麼樣的資訊時，請注意以下兩點。

① 是某人所寫的資訊，還是自然計算出來的資訊
② 是否是在十年後也能繼續使用的資訊

例如，參考某個知名券商的分析師意見來做投資時，很容易被那個分析師個人的思想和感情所左右。

特別是在波段交易時，**某個人所寫的資訊在傳入您耳朵裡時可能已經太遲了**。

甚至有些不好的人會在自己已經買進股票之後，才開始傳「現在正是買進時機喔」的消息。投資要自己對自己負責，應該避免讓別人的資訊來操弄自己的投資成果才是。

此外，如果是十年後也能穩定持續使用的資訊，各位就可以放心地使用它。

舉例來說，在本書所學的線圖或技術指標之類的資訊，都是在十年後甚至二十年後也能繼續使用的資訊。

可以的話盡量避開業績發表前的交易

■業績發表前後的狀況可能會完全改變

一支個股的業績發表一年有四次。

第一季、第二季、第三季還有年度決算的四次。在業績發表後股價可能會受到很大的影響，根據其內容有時**發表前後的狀況可能會完全改變**，一定要小心注意。

如果發表的業績很好，兩位認為股價會怎麼變化呢？

應該會是上漲吧？

嗯～我不知道耶。

其實，真理子小姐所說的才是正確答案。**短期來看就算業績很好，股價也不一定就會上漲。**有的時候也有明明發表的業績很好，之後股價卻暴跌的狀況喔。

啊!?是真的嗎？

■要預測業績發表後的股價動向有時比登天還難

要預測業績會變得怎麼樣是很困難的事，要預測在那之後的股價動向就更難了。

就算發表的業績數字是好的，有時也會被認為「應該不會再有比這個業績發表更好的消息出現了」而使股價呈現大幅度下跌。這就稱為「**利多出盡**」。

在波段交易中**要預測業績發表後的股價動向有時比登天還難**，可以的話應該要盡量避免被捲入才是。

為了不被捲入業績發表相關的變動，應該要怎麼做才好呢？

業績發表的時間點通常都已經事先定好了。
想要買進某支股票時應該一併**調查業績發表預定日**。

■調查好業績發表預定日

查詢看看業績發表的預定日期，如果預定在數週之內就會發表的話，在持有這支股票時就有可能會遇到發表日。

例如，公司的決算期在每年3月的個股，大致上的業績發表時間就會如以下所示。也有公司決算期在2月的案例，**業績發表的時間每個公司不同**，所以務必要事先調查之後再投資。

- **4月下半～5月中旬（年度決算）**
- **7月下半～8月中旬（第一季業績發表）**
- **10月下半～11月中旬（第二季業績發表）**
- **1月下半～2月中旬（第三季業績發表）**

※註：在日本很多公司的會計年度是每年的4月到隔年3月，所以決算期在3月。

POINT

在業績發表前後股價可能會有大幅度的變動。

此時線圖分析常常會失去效用，因此務必要注意避免太靠近發表前的交易。業績發表的時間都是事先預定好的，在交易股票之前要先做確認。

限制自己在一定時間內的損失和交易次數

■設定在一定時間內的最大損失和交易次數

請設定在一定時間之內的最大損失金額這樣的規則。例如，一個月的最大損失是多少錢，一個月中預計最多做幾次交易。在一開始就先決定好這些事情。

決定損失金額

也就是設定類似像「一個月最多只能損失10萬日圓」這樣的規則。就算是在月初的時候總損失金額就達到10萬日圓，那個月就禁止再做交易了。如此一來就能避免在短時間內失去太多的資產。

限制交易的次數

建議大家也要限制自己在一段時間內的交易次數。

因為股票交易很有趣，**隨心所欲做交易的話，交易次數就會自然而然增加**，不知不覺間**投資股票的目的就會變成進行交易本身**而不是賺錢。限制自己在一段時間內的交易次數，就可以減少無謂的交易，更重要的是會更慎重地處理每次的交易。以結果來說就能期待更容易在交易中獲勝。

我很容易得意忘形，所以先建立好這樣的規則好像比較好。

大川君有這樣的自覺是很好的，**也有人毫無自覺，而隨便做很多無謂的交易**。在波段交易中，**保持自律也是非常重要的**。決定好一定期間內的損失並限制交易的次數，就能幫助自己自律。

確認最近股市的行情和過熱程度！觀察「升降比率」

■ 調查市場的過熱程度

簡單來說，升降比率是用來**判斷市場是否過熱的指標**，可以用以下的公式算出。

- **升降比率＝一段時間內的股價上漲個股數÷一段時間內的股價下跌個股數×100%**

升降比率是**從一段時間內的股價上漲個股數和一段時間內的股價下跌個股數之間的關係，來判斷行情是否超買或超賣的指標**。

附帶一提，這個一段時間常常被設定為25天，一般是使用東證一部的全部個股來算出升降比率。常常使用類似下表的升降比率來作為判斷的參考。

升降比率的判斷參考

升降比率數值	判斷的參考
120%以上	天花板區（超買）
70～120%左右	大致上中立
70%以下	地板區（超賣）

既然是用來判斷超買或是超賣的話，應該是屬於震盪型技術指標的一種吧？

也可以那麼想，不過，用它來作為投資的判斷是很困難的。**只要把它當作是參考的指標**來看就好了。

POINT

升降比率是透過東證一部上漲的個股數和下跌的個股數之間的關係，來衡量市場是否過熱的技術指標。建議各位與其把它當作主要指標來看待，不如當成是輔助的參考技術指標就好。

愈買愈賠錢!?「攤平」很困難

老師，有個在網路上找到的名詞叫做「攤平」，這是什麼意思啊？

大川君很努力在學習呢！
攤平是在股價下跌時再追加買進，將股票的平均取得單價往下拉的手法。

譬如說，假設現在大川君手上有用1,000日圓股價買進的100股股票。股價跌到800日圓時再追加買進100股會如何呢？
跟用900日圓股價買了200股股票是一樣的意思吧？

真的耶。那麼不用停損只要做攤平就好了吧？

如果做了攤平之後股價又繼續往下跌呢？

那就麻煩大了……

■不適合波段交易的想法

攤平有降低股票的平均取得單價的效果，但是**很難說這是適合波段交易的想法**。

比較上來說，重視個股選擇是長期投資的概念，**波段交易則是重視買賣的時機點**。

■ 不要跟股票結婚

市場上有句格言叫做「不要跟股票結婚」。

要是迷戀於個股的話，有時候可能會導致跟那支股票殉情的結果。

雖然使用的詞彙可能有些語病，**但在波段交易中不會上漲的股票就不是好股票**，應該要考慮放手，用其他的股票分勝負才對。

有好多各式各樣的市場格言，真有趣呢！

是啊。適合波段交易概念的市場格言還有像是：

- **休息也是一種投資策略**
- **在別人買進時賣出，在別人賣出時買進**
- **明天一定還有行情**
- **以為已經到頂卻還有行情，以為還有行情卻已經到頂**

這些名言。

請思考他們各自的意義看看。一定會對股票投資有幫助的。

POINT

買進股票的股價下跌時，用更便宜的價格追加買進的手法稱之為攤平。

攤平有將股票的平均取得單價拉低的效果，但不推薦在波段交易時使用。

比起期待已經下跌的股票從那裡開始努力奮鬥往上漲，還不如考慮放掉它，尋找其他優良的股票來操作才是上策。迷戀上個股的話將會陷入很難獲勝的狀態。

行情的「林」和「樹」和身為散戶的優點

■見「林」後見「樹」

學會了線圖分析後，主要會以兩階段的方式來做投資判斷。

那就是所謂「**見林後見樹**」的方式。這裡所謂的「林」指的是整體股市的狀況。要確認整體股市的行情是處在：

- **上漲中**
- **膠著狀態（不管是往上或往下都有點無法突破的狀況）**
- **下跌中**

的哪一個狀態。確認了「林（整體股市）」的狀況之後，這次換看「樹（也就是個股）」。在沒有確認整體的狀況下直接看「樹」來做投資判斷的話，是難以獲利的。採用波段交易時，不論是見「林」或見「樹」都需要利用線圖分析的方式。

原來如此。但不管怎樣，好像很容易只考慮所投資的個股的事情呢。

的確可以了解那樣的心情。不過，**如果整體股市呈現悲觀的狀況時，股價是很難上漲的。**

也就是說**整體股市和個股雙方面都要考慮是非常重要的對吧。**

就是這樣。理想的目標是能具備屬於自己的必勝模式，也就是「當這樣的行情出現時就使用這個模式」這樣的程度。

股票市場中，從初學者到職業專家，有各式各樣的投資人在反覆操作交易。

為了要能在市場上生存下來，必須得具備屬於你自己的勝利模式。直到獲得必勝模式為止，好好地學習後再投入股市吧。

POINT

在波段交易中線圖分析的方式是基本，但線圖分析並不只限於個股。

掌握整體市場的狀況之後再進一步做個股的交易，像這樣見「林」後見「樹」的方式是非常重要的。

獲得屬於你自己的必勝模式之後，就能嚐到波段交易的成功所帶來的甜美果實。

■散戶投資人的優點

股市中有專家也有初學者的存在。職業投資專家既能即時獲得消息，用於蒐集資訊的工具可能也是最頂尖的。一般來說都會認為職業投資專家幾乎占了壓倒性的優勢。

那散戶投資人有，而職業投資專家所沒有的優點是什麼呢？

嗯——想不到耶。

比較沒有限制嗎？譬如因為是專家有很多嚴格的規則等等……

這是很好的著眼點呢。
的確職業投資專家投入的金額很大，所以能夠投資的個股選擇就會變少。

另外還有，散戶可以在自己想要買賣股票時再交易就好，這可說是最大的好處。

可以隨心所欲自由交易的散戶投資人

讓我們來思考看看只有散戶投資人才有的優點。

一般認為最大的優點，果然還是**只要在想交易的時候再進場交易就好**，心理上較留有餘裕。

例如，投資專家都會設定要賺到的目標金額和期限，因此如果距離目標金額還有一段差距，就不得不做更多的交易，處在必須背負著壓力做交易的狀態。就算市場情況不好的時候也得要賺到錢才行，所以非常辛苦。

另一方面，**散戶投資人應該也沒有處在一定得用波段交易賺錢不可的狀態**。

只要在「太好了，要是在這個時機點我就能贏！」這樣**有自信的時機**操作就可以了，**也就是只要打會贏的架就好**。

只要打會贏的架就好。感覺好像有點狡猾，但這樣想的話就輕鬆多了。

散戶投資人之中，應該沒有人被規定非得靠股票交易來賺錢不可。交易時只要選擇自己有自信的時機點就好了。

POINT

散戶投資人應該沒有被規定非得靠股票投資來賺錢不可。沒有必要勉強自己做交易。讓我們在有自信能贏的時候再投入交易來獲利吧。

用現金部位當作基礎避免無謂的持股

■ 基礎是現金部位！

在做波段交易時，千萬不能忘記：

- **基礎是現金部位**

的這個觀念。開始投資之後，**有很多人會認為持有股票的狀態是很稀鬆平常的事**。

某支個股賣出以後就立刻尋找下一個標的，更糟糕時，甚至也有人在買了個股之後馬上又找下一支個股，覺得「這支個股好像更好」而一支個股換過一支。

投資股票的確是有趣又刺激的一件事，特別是在短期間大漲後，我想**也有人對這種喜悅的感覺上癮**。

但是，請別忘記股票投資充其量只是用來增加資產的手段罷了。**基本上不應該保持在持有股票的狀態，應該持有的是現金部位**。

不管怎麼樣都想要買進股票，或甚至已經實際買進股票的這種狀態，被稱為**股票上癮症**。

■ 股票上癮症很恐怖

染上股票上癮症的話就很難賺錢。別說賺錢，**把本來不應該動用的錢都丟進股票投資裡**而造成大失敗的案例也時有所聞。

那真的很恐怖耶。

再次強調，先下定決心除了一開始設定好的資金以外，絕對不再把錢丟進去是非常重要的。另外，針對股票上癮症，推薦大家採用物理性的對策來解決。

■股票上癮症的物理性對策

譬如，先不把資金存放在證券戶頭裡，**等到決定要下單的時候才把錢從銀行戶頭匯到證券戶頭裡買進股票**，把這個步驟加到自己的交易裡會如何呢？

透過增加下單的作業流程，或許能讓自己冷靜下來，進而打消念頭也說不定。

另外，**刻意不安裝手機APP**而透過電腦來下單之類，讓自己處在沒辦法簡單下單的狀態下，這樣的話或許就能減少無謂買進股票的可能性了。

也就是故意把便利性降低讓自己更費事呢。

感覺好麻煩喔～

採取這些物理性對策的話，交易就會變得很費工夫很麻煩。
但是這樣做還是有它的意義的。請當作有必要採取這樣的手段來避免染上股票上癮症，導致在不應該買股時不經意地買進股票。

POINT

投資股票很有趣，有時會變得一沒有持有股票就想要追求刺激感。
但是，在不應該買進時卻還是買了股票的話，是無法賺錢的。
為了避免染上股票上癮症，要採取物理性的對策。

7-11 投資前才能做到冷靜的判斷

■投資前決定的計畫是對的

投資前很多人會思考類似：

- **跌到○○○日圓的話就停損**
- **漲到×××日圓的話就獲利了結**

這樣的計畫。但開始看股價動向之後，「股市行情看起來好像不太妙，還是早點獲利了結吧」「這次把停損點拉高一點好了」常常會像這樣**擅自變更計畫**。應該要避免這麼做。

幾乎大部分的情況，都是**手上沒有持股時才能做出客觀且正確的判斷**，因為持有股票時，不管怎麼樣都難以在精神放鬆的情況下做判斷。

應該要照著自己投資前的計畫做交易才對，要破例的話，要在有某些新聞事件發生時。

■要破例的話，要在有某些新聞事件發生時

例如，當突然出現好的新聞時，可以考慮將獲利了結的價格往上拉。在不好的新聞出現而股價開始下跌時，就在那個時機點賣出也是一種方式。

POINT

只要開始持有股票，常常會不由自主想做與原先決定好的計畫所不同的交易，但其實大多是買進前的判斷比較正確。在持有股票時下判斷的話，大多數情況往往會變成損失擴大，利潤減少。

除非是所持有的股票發生突發性的新聞事件，否則應該記住，要依照買進前的投資計畫做交易。

為了從起跑點開始衝刺的資金計劃的精髓

終於到了要實際投資的階段了。大川君現在是什麼樣的心情呢？

那當然是「我要賺大錢」的心情囉！

■丟掉「要賺大錢！」的強烈情感

學習線圖分析之後有了獲勝自信的各位，總算到了要實際投資的時候了。

在這個即將要展現目前為止學習成果的時刻，各位想必是被「一口氣賺大錢」的心情帶著走。

這個「要賺大錢！」的情感，雖然在學習的階段是好的，但在實際交易的階段卻是不合適的情感。因為有可能會在交易時感情用事。

■建立具體的資金計畫

好的起跑所需要的不是強烈的情感，而是具體的資金計畫。特別是**在做波段交易時，能在起跑點就開始衝刺的話，之後獲勝就會變得容易許多**。讓我們來學習能踏實地朝勝利邁進的資金計畫吧！

先簡單考慮一下資金計畫的話，就能夠有個最棒的起跑喔！

資金計畫嗎！請務必要教我們。

■馬丁格爾法的基本概念

各位知道有個下賭會開出紅色還是開出黑色，叫做「輪盤」的賭博遊戲嗎？像輪盤這種猜中時就賠給我們2倍金額的遊戲，有個必勝法叫做「**馬丁格爾法**」。

猜錯的時候用2倍的金額再賭

在馬丁格爾法中，最初用1枚籌碼下注，猜中的話下次還是用1枚籌碼再賭。如果沒猜中的時候，就用2枚籌碼下注。如果又沒猜中，再追加籌碼用4枚籌碼下注。像是這樣，每次猜錯的時候就用2倍籌碼繼續賭下去。請各位看看下表。

連敗的次數	目前為止的損失	賭金	賭中時的獎金
1	1	1	2
2	3	2	4
3	7	4	8
4	15	8	16
5	31	16	32
6	63	32	64
7	127	64	128
8	255	128	256

就算連續輸好幾次，只要不退出遊戲的話就有可能一口氣將下過的籌碼全部贏回來。這就是馬丁格爾法的基本概念。

我有聽過這個。但是實際上沒有那麼順利的吧？

的確如此。實際的輪盤有時對賭注的籌碼數設有上限，而且自己手上的資金也有用完的時候，因此不一定都會那麼順利。
可是，它的概念本身倒是非常值得參考。

股票投資的金額雖然是自己可以決定的，但很重要的是，**要避免在每次的損失之後就非得減少投資金額的狀況**。

■用100萬日圓中的30萬當作「利潤存款」

讓我們來思考看看，在一開始做波段交易時就把資金全部投入的話會是什麼情形。

假設您準備了100萬日圓的資金，直接將100萬日圓一口氣全部投入卻虧了10%。此時，就變成得在下次的交易中用剩餘的90萬日圓，把損失的10萬日圓賺回來。

用90萬日圓賺10萬日圓的話，需要11.11%的利潤。

用這樣的計算就可以知道，最初就把所有的資金全部投入的話，**每次輸的時候光是為了要賺回損失就會非常辛苦，情況將會變得愈來愈不利**。

像是馬丁格爾法一樣，在每次輸的時候如果能增加投資金額的話，就會比較容易把失去的資金賺回來。至少得做到**在輸的時候不要改變投資金額持續投資下去，這樣才是理想的狀態**。

例如，準備了100萬日圓時，最初先用30萬日圓投資以建立「利潤存款」。

只要先以30萬累積「利潤存款」，使證券戶頭的餘額從100萬日圓變成110萬日圓之後，再將投資金額提高成40萬日圓、50萬日圓就可以了。

在這邊希望大家記得「利潤存款」這個名詞。
只要能在剛開始時建立「利潤存款」，之後**只需要把損失控制在「利潤存款」的範圍內做交易**，用這樣的方式來進行操作吧。

的確，要是有「利潤存款」的話，就算出現損失，只要整體來看是正值就可以保持輕鬆的心情操作呢！

是啊。在進行波段交易時，心理的餘裕會影響到勝負。結果會變成**勝者更容易得勝，敗者更容易失敗**這樣的狀況。

好～～我一定要獲勝！

哎呀，太過被情緒牽著鼻子走，會成為投資的阻礙喔！

❖POINT❖

一開始就要考慮好資金戰略。

不要從一開始就投入全部的資金，先使用資金的一部分，以創造「利潤存款」為目標。

成功創造出「利潤存款」之後，再慢慢地增加投資金額就好。

在進行波段交易時，若能贏在起跑點，前景就會一片光明。不要一開始就以賺大錢為目標，老實並按部就班地開始反而是贏在起跑點的祕訣。

Column 請不要支付高額的金錢購買資訊服務

最後，希望大家能小心，不要花費幾十萬日圓在個股資訊服務或股票投資學校上。

總共的投資資金也就只有100萬日圓，卻花了30萬日圓在股票投資學校，雖然也有這樣的人，但光是為了賺回這些學費就會非常辛苦。

兩位都辛苦了。全部歷時七天的線圖分析課程就在這畫上休止符了。
覺得如何呢？

剛開始的時候，股票線圖就是一堆線和數字攪在一起的感覺，但現在了解意思，知道「原來是這樣的東西啊！」之後，覺得非常開心。

透過線圖分析，終於能了解「股票到底是什麼」這樣根本的問題了呢！

感覺非常可靠呢！
透過本書，兩位都已經學會了線圖分析的基本知識。
但是就算在腦中能理解了，在實戰中運用可又是另外一回事了。
請務必試著去接觸實戰中即時的線圖動態看看。你們兩位的話一定沒問題的。

知道了，謝謝老師！

作者介紹

梶田 洋平(Yohei Kajita)

梶田先生在慶應義塾大學畢業後進入當時的瑞穗投資證券株式會社（現瑞穗證券株式會社）工作，考取了技術分析師證照之後，就一直拜倒在股市的魅力之下無法自拔。

在證券公司分行服務時，除了以管理者角度活躍於指揮股票銷售的業務活動之外，也從事為企業負責人等高收入階層提供資產運用諮詢服務的工作，並獲得社長獎。

因為感覺到金融教育的重要性，在辭職之後成立了「株勉強.com」股票學習網站。透過線上座談會和投稿等形式來協助提升社會的金融知識與素養，以簡單易懂的內容深受股票初學者的好評。持有日本財務策劃技能士2級的證照。

● 株勉強.com(http://株勉強.com/)

此為梶田洋平先生所監修的股票波段交易學習網站，此網站大量公開了關於在股市中獲利所需要的概念、技巧和控制心法等相關文章。網站上除了股票相關的報導之外，由梶田先生擔任講師的線上講座，以及在週末定期發送關於股市盤勢現狀的免費電子報，都有著相當高的人氣。

結語

這七天關於線圖分析的課程，大家覺得如何呢？近來因為伴隨智慧型手機的普及和證券公司服務的加強，感覺股票投資愈來愈貼近我們的生活了。

不管是主婦還是上班族，只要利用片段的閒暇時間，就能藉由股票投資賺取零用錢，這樣的事情已經成為了現實。

因為銀行的定存現在處於超低利息，而開始投資股票的朋友可能也不在少數。但是，只是抱著「感覺好像比銀行定存划算」、「好像看起來可以賺錢」這樣的心態就草率開始做股票投資然後慘賠的人很多，這也是事實。

這也是理所當然的，因為股票市場的構造，就是金錢會從弱者流向強者。在沒有努力學習也沒有策略的情況下，貿然挑戰股市的結果是顯而易見的。正因為如此，本書才會強烈建議大家一定要在學習之後再開始進行投資。連最基本的必要知識都沒有就把錢投入，跟賭博其實沒兩樣。透過學習將賭博變成賺進零用錢的方法吧！

在本書所學習的知識可說是為了能賺錢所需要的最基本知識，雖然如此，用腦袋去理解跟在實戰中活用還是完全不同層次的事情。在閱讀完本書之後，請試著利用證券公司的線圖工具軟體等，努力將所學的知識變成能在實戰中活用的技巧。

透過這樣的努力，各位一定能夠邊享受邊操作股票投資，還能得到獲利的喜悅。

最後還要謝謝爽快答應讓我使用線圖的松井證券公司，真的非常感謝。

也很感謝您一直閱讀本書到最後。如果本書對您的股票交易能夠幫上忙的話，對我來說沒有比這更開心的事情了。

株勉強 .com 代表　梶田洋平

七天讓你看懂股票線圖：輕鬆掌握買進、賣出時機！/
梶田洋平著；吳銘真譯. -- 初版. --
臺北市：臺灣東販, 2018.11
220面；14.7×21公分
譯自：7日でマスター
株チャートがおもしろいくらいわかる本
ISBN 978-986-475-818-0（平裝）

1.股票投資 2.投資技術 3.投資分析

563.53 107017026

7-KA DE MASTER KABU CHART GA OMOSHIROIKURAI WAKARU HON
By Kabubenkyo.com Daihyo Kajita Yohei

First published in Japan by Sotechsha Co., Ltd., Tokyo

This Traditional Chinese language edition is published by arrangement with Sotechsha Co., Ltd., Tokyo in care of Tuttle-Mori Agency, Inc., Tokyo.

輕鬆掌握買進、賣出時機！

七天讓你看懂股票線圖

2018年11月1日初版第一刷發行
2024年 3 月1日初版第七刷發行

作　　者　梶田洋平
譯　　者　吳銘真
編　　輯　邱千容
美術編輯　黃盈捷
發 行 人　若森稔雄
發 行 所　台灣東販股份有限公司
<地址>台北市南京東路4段130號2F-1
<電話>(02)2577-8878
<傳真>(02)2577-8896
<網址>http://www.tohan.com.tw
郵撥帳號　1405049-4
法律顧問　蕭雄淋律師
總 經 銷　聯合發行股份有限公司
<電話>(02)2917-8022